智慧財產權之保護與管理

劉博文◎著

獻給我摯愛的父母親

感謝他們的引領，
使我走入知識的殿堂，
尋獲了永恆的寶藏。

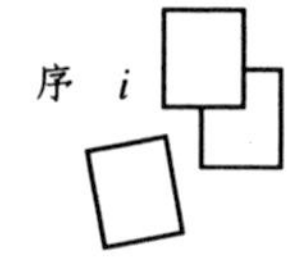

序

二○○二年的台灣經濟正處於新舊交替的十字路口，台灣的前途正取決於新的知識產業是否能取代傳統產業，成為台灣未來經濟的主流。而所謂的知識產業，有別於傳統產業所依賴的資本、工具、廠房等有形資產，強調的是知識資本（knowledge capital），包括一切具競爭優勢的員工知識、研發能力、行銷策略、生產技術等的取得與累積。處於知識經濟時代的台灣企業在知識經濟時代的重要課題，在於如何運用本身所擁有的知識資本，掌握競爭優勢，創造企業之最大價值。

包括專利權、著作權、商標權、營業秘密等在內的智慧財產權（intellectual property rights），是企業最珍貴的知識資本，其價值不但在於其取得及管理成本之高昂，尤其在於其可以保障企業獲取長期、合法的獨占利潤。另一方面，智慧財產權的無形特性，更使得其成為企業知識資本中最容易被國際化的一項資產。智慧財產權之兼具獨占及國際化特性，使得加入WTO世界經濟體系之後的台灣企業，必須面對更加複雜的智慧財產權保護與實踐等多方面的議題。

本書除了提供讀者智慧財產權相關法律的精神與義理之外，更從企業經營者的角度來探討如何有效管理智慧財產權，並將其轉換爲企業之利潤與財富。內容上力求深入淺出，理論與實務相配合。冀望使對於智慧財產權有興趣者，能夠獲得正確的觀念，並將學習之心得以充分應用於日常工作上。

筆者自一九九八年返台服務後，除在院校兼任教席之外，大部分時間皆任職於產業界，充分瞭解台灣經濟發展最重要的因素，不在於有形的資源，而是我們生生不息的生命力，這股力量創造出無限的知識與財富。身爲這婆娑之洋上美麗島的一份子，我衷心期盼台灣能夠善用她所擁有的智慧財產權，成爲一個具絕對競爭優勢的國家。

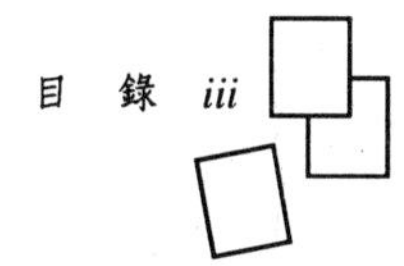

目 錄

序 i

第一編 智慧財產權之保護 1

第一章 智慧財產權的涵義 3

一、智慧財產權之定義 4

二、智慧財產權之特性 6

三、智慧財產權存在之必要性 9

四、結語 10

第二章 專利權 13

一、何謂專利權？ 14

二、專利權之種類 17

三、專利權之要件 21

四、專利權侵害之救濟 25

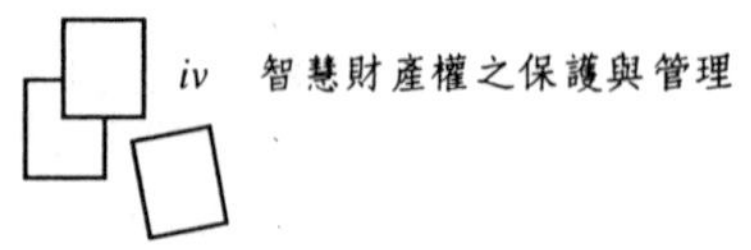

第三章　著作權　29

一、何謂著作權？　30

二、著作人格權　32

三、著作財產權　35

四、著作權之限制　40

五、著作鄰接權　44

六、著作權仲介團體　45

七、數位資訊之著作權保護——以MP3爲例　46

第四章　商標權　51

一、何謂商標？　52

二、商標之種類　55

三、商標註冊之要件　59

四、商標權之使用與變動　64

第五章　營業秘密　67

一、何謂營業秘密？　68

二、營業秘密之保護要件　69

三、營業秘密之歸屬　71

四、營業秘密遭受侵害之樣態　73

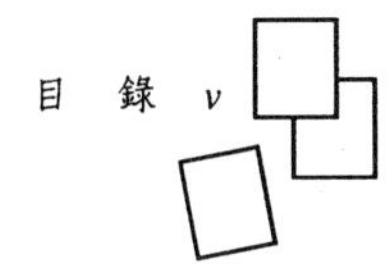

五、專利權vs.營業秘密 75

第二編 智慧財產權保護與相關之國內法律 79

第六章 公平交易法與智慧財產權保護 81

一、前言 82

二、公平交易法與專利權之行使 84

三、公平交易法與營業秘密之保護 90

四、結語 93

第七章 眞品平行輸入與商標權保護 95

一、前言 96

二、眞品平行輸入之相關法律學說 99

三、我國法院對眞品平行輸入之實務見解 103

四、結語 105

第八章 網域名稱與商標權保護 107

一、前言 108

二、以網域名稱申請商標權之可行性 111

三、以他人商標申請網域名稱 116

四、結語 121

第九章 科技基本法與智慧財產權 123

一、我國「科技基本法」對智慧財產權之影響 124

二、他山之石：美國的「拜杜法案」 127

三、「科技基本法」與大學研發成果之移轉 130

四、結語 133

第三編 智慧財產權保護之國際化 137

第十章 智慧財產權之國際保護 139

一、前言 140

二、巴黎公約 141

三、伯恩公約 145

四、馬德里協定 148

五、世界智慧財產權組織 150

六、專利合作條約 152

七、世界貿易組織（WTO）之「與貿易有關之智慧財產權協定」（TRIPS） 155

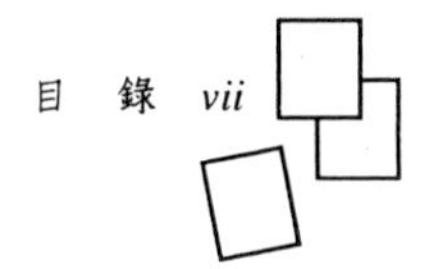

第十一章 美國特別三〇一條款與智慧財產權保護 161

一、立法背景 162

二、三〇一條款之沿革 163

三、特別三〇一條款 164

四、特別三〇一條款之特色 166

五、結語 170

第十二章 美國三三七條款與智慧財產權保護 175

一、前言 176

二、三三七條款之沿革 178

三、三三七條款之成立要件 179

四、三三七條款之適用範圍 180

五、三三七條款之訴訟程序 183

六、三三七條款之救濟措施 184

七、三三七條款之特色 187

八、結語 193

第十三章 美國經濟間諜法 197

一、立法背景 198

二、EEA適用之對象 199

三、商業機密之定義 204
四、刑事責任 206
五、EEA之獨有特點 208
六、EEA對我國企業之影響 211
七、結語 214

第四編 智慧財產權管理之具體實踐 215

第十四章 智慧財產權資產管理 217

一、智慧財產權之重要性 218
二、如何取得智慧財產權資產 221
三、如何管理智慧財產權資產 224
四、智慧財產權資產之價值 231
五、結語 234

第十五章 智慧財產權資產之境外操作 237

一、高科技產業與境外操作 238
二、境外操作之方式 240
三、適合成立境外公司之國家地區 246
四、結語 250

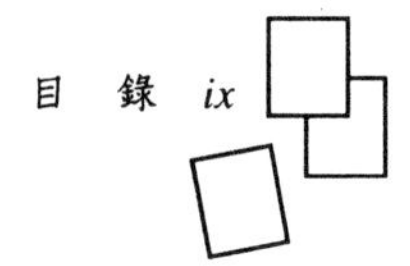

第十六章 創新育成中心與智慧資本創造 251

一、創新育成中心之定義與型態 252

二、創新育成中心所提供之產品 254

三、創新育成中心之特性 256

四、創新育成中心之收入來源 259

五、創新育成中心客戶之選擇 261

六、結語 264

參考文獻 267

第一編

智慧財產權之保護

第一章

智慧財產權的涵義

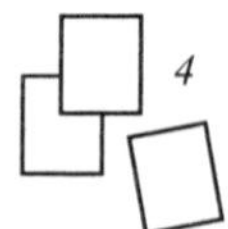

一、智慧財產權之定義

智慧財產權（intellectual property rights）本質上是人類因其智力活動而創造出具經濟價值的財產權利；任何有正常思維能力的自然人都可能會創造出與眾不同的觀念，並透過各種形式之外部表現轉化爲具經濟價值的產品。

智慧財產權必須轉化爲某種具體有形之產品，方能顯示出其財產權之性質。例如微軟所擁有智慧財產權的視窗2000，任何人想要使用此一視窗產品，就必須向微軟支付使用費，此一有形之視窗2000也就是智慧財產所附著之媒介體；惟此一有形之媒介體一旦被使用者購買後，它的財產權顯然就是用戶的了，除非該用戶擅自重製翻印、改編視窗2000，以致侵害到微軟的智慧財產權，否則微軟對此一視窗產品不再享有任何權利。

智慧財產權所能轉化的有形產品，其種類非常廣泛，而其所附著之媒介體可大概分爲二大類：(1)人文智慧財產：例如著作、歌曲、表演等；(2)工業智慧財產：例如工業產品、積體電路佈局等。另外，依據一九九四年所簽署的世界貿易組織（World Trade Organization）協定，其中的「與貿易有關之智慧財產權協定」（Trade Related Aspect of Intellectual Property Rights, TRIPS）對於智慧財產權的範圍則作了如下的列舉：

1.著作權暨相關之表演、錄製等權利。

2.商標。

3.產地標示。

4.工業設計。

5.專利。

6.積體電路佈局。

7.營業秘密。

8.授權契約中違反公平交易行爲之管理。

以我國而言，上述之各項智慧財產權均享有法律的特殊保護，例如專利法（涵蓋工業設計）、商標法（涵蓋產地標示）、著作權法（涵蓋工業設計）、積體電路佈局法、營業秘密法與公平交易法等。

二、智慧財產權之特性

（一）獨占性

智慧財產權爲相關之權利人所專有；唯有權利所有人才能夠行使或使用智慧財產權。然而此種獨占性並非絕對的，必須受到地域性和時間性的限制。例如在台灣申請核准的專利權或商標權，在中國可能就無法獲得承認；又諾貝爾文學獎得主高行健對其作品擁有改編權、翻譯權與演出權等著作權相關權利；另一方面，家喻戶曉的《西遊記》作者吳承恩，由於自其逝世迄今早已超過五十年的著作權保護期，故《西遊記》一書已成爲全人類所共有的公共財，不再歸吳承恩所專有。

（二）地域性（保護）

智慧財產權的保護具有嚴格的地域限制。無論是專利權之授予，還是因註冊或使用而取得的商標權，或是文學和藝術作品問世後產生的著作權，都僅限於一定之國家或地區範圍內。除非經過國與國之間的雙邊或多邊協定而獲得保護，否則一國之智慧財產權一旦隨著其所附著的媒介體越出國界，便失去了保護。

（三）時間性

不同於一般的財產權，智慧財產權不是永遠有效的，法律都規定了它們的有效期。爲了促進人類文明的進步與經濟發展，智慧財產權所有人被授予一定之特權；惟此一特權必須有所限制，以免妨礙社會之進步，因此智慧財產權均須有法定的期限性。如專利權之期限，一般均爲申請之日起二十年；商標權的期限，自註冊日起十年有效並可續展；著作權期限爲作者之生命加五十年等均是。

（四）複製性

智慧財產權之所以能成爲某種財產權，是因爲這些權利被使用後，能夠體現在一定產品、藝術作品的複製活動之上。智慧財產權若不能附著於特定的媒介體上，其所有人便無法判斷其權利是否爲他人所侵犯。另一方面，由於智慧財

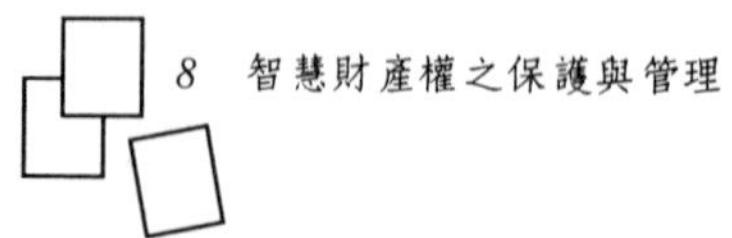

產權之複製成本遠低於其生產成本，加上其具有易於傳遞之特性，以至於相較於一般的財產權，智慧財產權更容易遭到侵害。

（五）無形性

智慧財產權不是對有形物體之擁有、使用、處置或收益權，而是對可複製的智慧財產權媒介體所擁有的財產權。媒介體的本身例如產品、藝術作品等並不是智慧財產權，體現在媒介體中的觀念、思想等，才是無形的智慧財產權。又由於智慧財產權是無形的，因此其可以在不影響其效益的情形下，同時被售予或轉讓給數個人所有。

（六）國際性（移轉）

國際間的資源移轉，除了商品、資本之外，更包括了技術的移轉，例如一般常見的技術或商標授權等皆是。此類國際商業合作之常見方式使得智慧財產權具有跨國界流通使用之特性，惟另一方面此一特性也使得智慧財產權常成爲國際性侵害之目標。另外，爲了統一各國對智慧財產權之保護方式與期限，國際間均致力於智慧財產權之多邊協商談判，其目的在於能建立全球一致性的智慧財產權保護機制。

三、智慧財產權存在之必要性

（一）鼓勵科技創新

智慧財產權對於那些投入大量金錢與時間從事研究發展的人而言是一大誘因與保障。智慧財產權之獨占特性使其所有人能獲得保障之經濟利益，此一經濟利益之動機促進了人類科技文明的持續進步與發展。

（二）促進資訊傳遞

由於智慧財產權的保護，使得許多重要的科技暨人文資訊，例如專利權、著作權等，均可以被放心地從其所有人的手中，傳遞至社會的各個角落，對於人類知識的累積與傳承有極大的助益。

（三）提升經濟效益

智慧財產權的所有人透過法律對於財產權的保護機制，可以將其所擁有的智慧財產權經由授權的方式移轉給他人使用，使得智慧財產權可以物盡其用，發揮其最大的經濟效益。

（四）保障消費者權益

我國商標法第一條明白指出商標法之目的在於「保障消費者利益，以促進工商企業之正常發展」。由此可知智慧財產權中的商標權，除了具備經濟價值之外，更可以幫助消費者明辨各種商品，包括售價、品質、產地等之不同，進而保障消費者之權益，以促進工商發展。

四、結語

作為亞太營運中心的台灣，對於高科技產業技術之引進與輸出皆日趨國際化與自由化，以至於智慧財產權業已成為熱門之貿易標的物；而透過技術移轉的方式，我國企業亦不斷提升自身之技術水準，並進而發展出核心技術以加強競爭能力。基於上述之事實，如何有效地創造、管理與保護智慧財產權，業已成爲企業的重要課題。

另一方面，智慧財產權之主要目的，在於透過法律對其所有人提供保護，使其能獲得經濟上之報酬，藉此鼓勵更多的智慧財產權能夠完成，進而促進社會工商業之發展與人類文明之進步。然而對於立法暨行政機關而言，如何能夠拿捏分寸，在權衡之後適當立法與執法，避免「過度」保護智慧財產權所有人，而導致不公平競爭之結果，必須經過相關單位之仔細評估後方能形成決策。

第二章

專利權

一、何謂專利權？

每當一種新物品或方法被人類發明或創作出來時，爲了能使此種新物品或方法可以應用於產業上的重複生產或製造，該項新物品或方法之發明創作人爲了保障其正當權益，可以向政府主管機關申請，經過審查確定其符合規定後，授予該申請人在一定期間內享有專有排除他人未經其同意而製造、販賣、使用或進口該新物品或方法之權，此一權利即是所謂的專利權。

（一）專利權在法理上的正當性

作爲一種源於法律制度所創造出的特殊權利，專利權從形式上來看是一國政府給予某人的一份授權證書，該證書表明某人在一定的年限內對其新的發明或創造享有具特許性製造與銷售的權利；從本質上看則是國家爲了獎勵發明創造，透過法律的力量賦予發明人特殊的保障制度以作爲誘因（incentive）。就法理上而言，對於專利權授予之正當性，主要有下列二種理論：

◆自然權利說（the natural right theory）

以歐洲大陸爲主的法律學者主張發明創造係發明人心智之結晶，屬於該發明人之天賦專有權利，社會大眾爲了能夠得到此一發明，則必須給予發明人一定之報酬。

◆契約說（the bargain theory）

以英美爲主的法律學者則認爲專利權乃係政府與發明人所簽訂之契約，政府給予發明人市場之獨占權利，以換取發明人將其發明創作揭露給社會大眾共同使用。

（二）我國專利法的意義

專利權保護的觀念可溯及中古世紀的歐洲，早在西元一四七四年威尼斯城邦即已制定世界最早之專利法。我國近代專利制度的建立，則始於民國三十三年國民政府所頒布的專利法，該專利法中明白表示其立法目的爲「鼓勵、保護、利用發明與創作，以促進產業發展」；其間經過多次修正，業已爲我國專利制度的發展奠定了良好的法律基礎。具體而言，我國專利法具有下列二項重要之意義：

◆專利權之效力

我國專利法第五十六條規定專利權人可「專有排除他人未經同意而製造、販賣、使用或為上述目的而進口之權」，由此可知，我國專利法所賦予專利權人的權利係負面的排他形式。此一規定形式使得專利權人享有排除他人未經其同意而使用其發明之權，而非正面的規定專利權人可以如何去使用其專利權。

◆專利權之標的

由於專利權係一種人為創造由政府授予的權利，而非自然產生的天賦權利，因此國家常須依照其本身國情暨產業發展狀況，對於何種發明或創造應授予專利，作出適當的抉擇。我國專利法中明定專利之主題可分為發明、新型與新式樣三種，然而並非所有的前述標的均可以申請專利，例如動植物新品種、純藝術創作等，依照現行專利法之規定均不授予專利。

二、專利權之種類

有別於美國或英國在其專利法上明定專利權之申請僅限定於發明，我國的專利法則是將發明、新型與新式樣三者，一併歸類於專利法；根據我國專利法第二條的規定：「本法所稱專利分為下列三種：一、發明專利。二、新型專利。三、新式樣專利。」

(一) 發明專利

專利法第十九條：「稱發明者，謂利用自然法則之技術思想之高度創作。」所謂自然法則係指為自然界存在之原理原則所支配之具體的自然現象。發明人必須利用自然法則，提出一種符合發明要件且能反覆實施的生產技術方案。換言之，發明必須是能實際操作的知識，而非理論性之知識或科學發現；依其型態則可分為產品發明、製程或方法發明以及組合物發明。

1.產品發明：包括有固定形狀的物品，例如機器、裝置等發明，以及無固定形狀的物質，例如化學物質等。

2.製程或方法發明：包括物的製造方法發明，例如化學藥品之製法；以及除了「物的製造方法」以外的方法，例如自助式汽車機油檢查方法等。

3.組合物發明：例如混合各種除蟲劑成爲雞尾酒式除蟲方法等。

基於國家利益與社會福祉之考量，專利法第二十一條明定下列各款不予發明專利：

1.動、植物新品種（不包括植物新品種育成方法）。

2.人體或動物疾病之診斷、治療或手術方法；例如開心手術等（不包括治療或手術所需之設備及化學藥品的新用途方法）。

3.科學原理或數學方法。

4.遊戲及運動之規則或方法。

5.必須藉助於人類推理力、記憶力始能執行之方法或計畫。

6.發明妨害公共秩序、善良風俗或衛生者。

發明專利權期限自申請日起算二十年屆滿。

（二）新型專利

專利法第九十七條：「稱新型者，謂對物品之形狀、構造或裝置之創作或改良。」所謂新型係指對發明中之「物品」而言，故不包括方法、步驟、用途等之發明及創作。又，因條文中有「改良」一詞，故此一「新型」須對物品之形狀、構造或裝置，具有增進功能的效果。化學物質及其混合物、以DNA序列爲基礎之生技產品等，因其不具備肉眼可觀察之「物品」形狀，故不屬於新型專利之申請或保護範圍。

新型專利，在某些國家（澳洲）被稱作爲「小發明專利」（petty patent）。新型專利與發明專利相比，其區別在於下列二項特點：

1. 新型專利的範圍僅限於物品，而發明則包括物品、製程方法以及組合物發明等。具體而言，發明專利之目的是爲保護利用自然法則之技術思想，而新型專利則是爲了保護物品之形狀及構造。
2. 比較專利法中之文字，二者之差別在於發明必須是「高度創作」但新型則無此要求。所謂的高度創作，指的是具發明力且超過目前已知之學理經驗的技術思想。由此可知新型專利的技術思想無須超過目前所已知之程度，其所必須具備的僅是設計上功能之創新而已。

新型專利權期限自申請日起算十二年屆滿。

（三）新式樣專利

專利法第一百零六條：「稱新式樣者，謂對物品之形狀、花紋、色彩或其結合之創作。」我國之新式樣專利著重於物品外觀的造型設計，至於該造型設計是否具「美感」，則非其考量之因素；例如以非圓形（方型或三角形）之漢堡麵包申請新式樣專利。另外，新式樣必須能夠被利用於工業生產，意即能夠被重複製造；故一般的繪畫、藝術創作等「一次性」作品不能申請新式樣專利。

新式樣專利與發明、新型專利之最大不同處在於其並非解決技術上之功能問題，而是爲了體現在視覺能感受到、在有形物品外觀特徵方面的創新物。因此若某一新式樣之僅爲純功能性之設計，則其不能申請新式樣專利；惟若該新式樣兼具功能性與外觀特徵創新性之雙重特質，則其仍符合新式樣專利的要件，例如兼具功能性與外觀特徵的敞蓬跑車設

計。

原本專利法之新式樣專利權期限自申請日起算十年屆滿；二〇〇二年我國加入世界貿易組織（WTO）之後延長為十二年。

三、專利權之要件

專利權之取得必須符合某些特定的條件，此即所謂的專利要件（patent ability）。凡符合專利法規定的發明創作均可以被視作為具有專利要件，並可以被授予專利權；另一方面，凡不符合其中任何一項專利要件的，就不能取得專利權。對即使取得專利權的人也可以該申請不符合專利要件而被撤銷，或宣告該專利權無效。以下為我國專利法所規定的專利要件：

（一）新穎性

所謂新穎性（novelty）係指申請專利權的發明或創作，在其提出專利權申請前，在已知技藝（prior art）中沒有和所申請的發明或創作完全相同的技術公開在先。具體而言，新穎性是指該發明或創作在申請專利前未被公知公用，或者是不存在於現有的技術之中；例如在申請日前沒有同樣的發明或創作在國內外出版物上公開發表過、在國內公開使用過或以其他展覽陳列方式對大眾公開，亦沒有相同的發明或創作由他人提出專利申請過。

值得一提的是所謂的已知技藝必須是能操作或實用的知識，而非僅是理論性或概念性之敘述。對於某些例外的情形，即使已知技藝公開在先，專利法亦給予六個月的優惠期：

1.因研究、實驗而發表或使用，於發表或使用之日起六個月內申請專利者；目的在使研究者能於申請專利前搶先發表論文以獲取學術地位。
2.陳列於政府主辦或認可之展覽會，於展覽之日起六個月內申請專利者；目的在使參展廠商能夠兼顧商機之拓展與專利權之申請。

（二）實用性

所謂實用性（utility）係指發明或創作在產業上具有實際之應用價值，並且能夠產生積極效果；此一要件即專利法第二十條所稱之「可供產業上利用之發明」。具體的講，如果申請專利的發明或創作係一種物品，則該物品必須在產業上可以被重複製造；如果申請專利的是一種方法，則此種方法必須能夠在產業上被重複實施。所謂產業，則包括工業、農林業、水產畜牧業、交通運輸業、文化教育、醫療衛生等任何屬商業行爲的行業；例如某項僅可供科學研究的化合物，即不具實用性。特別值得一提的是此處所稱之實際應用價值，係指該發明創作能否達到專利申請書內所揭露之「部分」目的而言；至於其是否能百分之百達到申請書內所稱之目的，則非其所要求。

此一實用性之要件，其目的在於防止研發人員在尚未得知某項發明創作商業價值前，便率然的申請專利權藉以「卡位」，如此一來反而打消了他人繼續研發此一項目之動機，進而阻礙科技的發展。

（三）非顯而易知性

專利法第二十條第二項：「發明係運用申請前既有之技術或知識，而爲熟習該項技術者所能輕易完成時，……仍不得依本法申請取得發明專利。」由此可知，所謂的非顯而易知性（non-obviousness）係指相對於現有之技術而言，意即該專利申請案是否對於那些熟習此一技術之人士來說，屬於明顯而易於知悉者。

眾所周知，一項發明創作所應用的技術知識，經常是就目前業已爲人所知之技術予以組合；惟只要其所產生之發明結果相對於已知技術具功效上之增進，且該各已知技術之組合具一定程度的困難性，則此一發明創作便具有非顯而易知性。具體的講，所謂的顯而易知係指已知技術的組合或使用，不論是用途變更或是形狀構造變更，對於同行業人士而言，並無任何的困難性，且所產生的結果爲一般可預測者而言。

另外，專利法中所稱之「熟習該項技術者」，並非指的是專利權審查員；而係一種虛擬式的標準設定。他必須知曉發明所屬技術領域中的一切已知技術，具備該技術領域中普通技術人員所具有的一般知識能力，他的技術知識水準隨著時間的改變而不同。例如對於生技藥品之發明專利而言，所謂熟習該項技術者，必須具備生化科學研究所之學位，另一方面，倘若某一新型專利申請案之內容爲汽車防盜鎖，則該「熟習該項技術者」之學歷要求可能爲專科以上即可。設定此一虛擬人士之目的，在於統一發明專利審查的標準，避免任何審查員主觀因素的影響。

此一要件之目的在於提高專利權授予的門檻，避免使得

一些金錢上、技術上貢獻極少之發明，取得國家授予之壟斷市場權利。

四、專利權侵害之救濟

專利權人依法專有排除他人未經其許可而使用、製造、販賣及進口其專利方法或物品之權。一旦專利權受到侵害，專利權人可以尋求下列各種救濟方法以保障其權益：

（一）侵害排除

專利法第八十八條：「發明專利權受侵害時，專利權人得請求賠償損害，並得請求排除其侵害，有侵害之虞者，得請求防止之。」由此可知，專利權遭任何人侵害時，專利權人依法可告知要求其停止，不然則可訴諸法院之判決予以排除。又所謂的侵害排除，除了事後的停止侵害要求之外（停止生產、販賣，產品回收等），更包括事前的防患措施（禁止產品進口、毀損製造原料暨機器等）。值得一提的是，除了專利權人有此一排除侵害的權利之外，此一被侵害專利權之「專屬被授權人」（exclusive licensee），亦可以直接向侵害

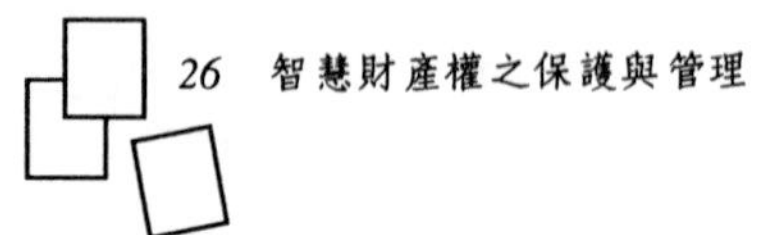

者請求；惟此一請求權必須在一定時間內行使。侵害排除之實施方式以假處分爲主，目的在於在訴訟終結之前，暫時停止侵害人之行爲。

（二）損害賠償

專利法第八十九條明文規定損害賠償之計算方法：

1.以專利權人所能證明之所受損害及所失利益爲準。
2.以專利權人實施其專利權通常可獲之利益，減去受損害後實施同一專利權所獲之利益爲準。
3.以侵害人因侵害行爲所得利益爲準。
4.以法院囑託專利專責機關或專家代估之損失爲準。

另外，專利權人尙得要求侵害人賠償其業務上信譽之損失；倘若侵害人之行爲係屬故意，則必須賠償專利權人最高可達其損害之二倍。損害賠償之實施方式以假扣押爲主，目的在於在判決賠償之後，獲得部分之賠償金。

（三）刑事罰則

專利法對於侵害專利權之行爲，規定以下各項之刑事責任：

1.未經專利權人（含物品發明、方法發明、新型暨新式樣）同意，製造該物品，致侵害其專利權者。

2.明知為未經專利權人（含發明、新型暨新式樣）同意所製造之物品而販賣，或意圖販賣而陳列，或意圖販賣而自國外進口者。

以上之刑事責任其罰則最高可達二年以下有期徒刑與新台幣六十萬元以下罰金。

第三章

著作權

一、何謂著作權？

（一）著作權的成立要件

所謂著作權，是指文學、藝術和科學作品的創作者依法所享有的權利。我國著作權法採「自然發生主義」，意即創作者於創作完成時自然取得著作權，無須任何註冊登記的程序，或任何著作權所有的標示，即可受著作權法的保護。惟著作權的成立必須符合以下二項要件：

◆原創性

作品須由創作者獨立完成而非抄襲他人。惟著作權的保護不涉及作品思想及其水準之認定，所謂的原創性係指對思想表現之形式而言；故某人若能證明其作品係獨立完成，則縱使其作品與他人雷同，卻依然可以受到著作權的保護。

◆有形性

作品必須是由創作者將其思想以一定形式表現出來，使

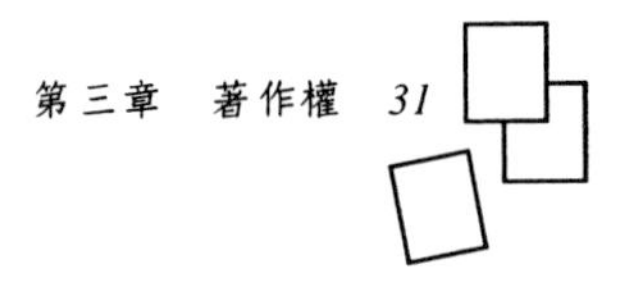

人們能夠經由視、聽、觸覺等感官直接或間接的感受到。例如作品必須附著於紙張、唱片、錄音帶、光碟片等物體之上，如此方能確定作品業已完成。

(二) 受著作權法保護之著作標的物

著作權法第五條規定受著作權法保護的著作標的物有以下十大類：

1. 語文著作：包括小說、劇本、詩、詞、散文、書籍出版物等。
2. 音樂著作：包括歌詞、曲譜等。
3. 戲劇、舞蹈著作：包括舞台劇、歌劇、舞蹈等。
4. 美術著作：包括繪畫、漫畫、書法、雕塑等。
5. 攝影著作：包括照片、明信片等。
6. 圖形著作：包括地圖、工程設計圖等。
7. 視聽著作：包括電影、錄影帶、DVD 等。
8. 錄音著作：包括唱片、CD 等。
9. 建築著作：包括建築模型、建築物暨設計圖等。
10. 電腦程式著作：包括電腦軟體等。

(三)不受著作權保護之範圍

另外某些著作,由於考量到公共政策與社會大眾之需求,故將其列為不受著作權所保護的範圍:

1.憲法、法律、命令或公文;或政府機關就前揭項目所作成之翻譯物或編輯物。
2.標語及通用之符號、名詞、公式、數表、表格、簿冊或時曆。
3.單純為傳達事實之新聞報導所作成之語文著作。
4.依法令舉行之各類考試試題。

著作權依其性質之不同可分為著作人格權與著作財產權二大種類。

二、著作人格權

所謂的著作人格權(moral right)是以保護著作人名譽、思想觀點、感情等無形之人格利益為標的之權利。不同於一般經濟上的利益,著作人格權係一專屬個人之權利,僅屬於

著作人本身所有，不得讓與或繼承，更不可以拋棄或與他人約定不行使。根據現行之著作權法規定，著作人格權包括以下三項：

(一) 公開發表權

係指著作人完成著作後，有決定其著作是否公之於眾的權利；任何人不得違反著作人之意思公開發表其尚未發表之著作。由於著作反映了著作人其個人之思想、觀點與感情，故是否向公眾發表自己的著作，發表的時間、方式以及地點等均須由著作人決定。惟一旦著作人將其著作公開發表，便失去收回其著作物之權利；著作權法特別規定下列之情形，可以作爲「推定」著作人有公開發表其著作意思之證明：

1. 著作人將尚未公開發表著作之財產權讓與或授權他人。
2. 著作人將尚未公開發表之美術或攝影著作之原件或重製物讓與他人，受讓人以其著作原件公開展示。
3. 著作人依學位授予法撰寫碩、博士論文並取得學位。
4. 視聽著作之製作人將該著作重製、公開播送上映，並公開發表。

（二）姓名表示權

著作權法第十六條：「著作人於著作之原件或其重製物上或於著作公開發表時，有表示其本名、別名或不具名之權利。」除了原件和重製物之外，著作人對其著作所產生之衍生著作如翻譯本等，亦具有姓名表示的權利。例外的情形爲倘若此一著作授權他人利用，著作人雖不具名，卻無損於著作人之利益，且符合社會慣例者；例如某套叢書之編輯群包含數名著作人，但僅有少數人可以列名於著作物上。

（三）保持完整權

著作權法第十七條：「著作人享有禁止他人以歪曲、割裂、竄改或其他方法改變其著作之內容、形式或名目致損害其名譽之權利。」著作人若要證明其著作之完整性遭到侵害，首先必須舉證其個人名譽因此而受損害；而所謂的著作人名譽受損害，係指客觀上之事實而非僅憑著作人之主觀認定。

三、著作財產權

著作財產權之目的在於保障著作人之經濟權利，使得著作人得以創造並享有其著作之經濟效益。著作人對其著作擁有絕對之財產權，包括占有、使用、處分及收益等權利；有別於著作人格權，著作財產權可以轉讓予他人所有。一般而言，著作財產權共有九種並可以分爲下列三大類：

1. 有形之使用權：包括重製權、公開展示權、出租權。
2. 無形之傳播權：包括公開口述權、公開播送權、公開上映權、公開演出權。
3. 衍生權：改作權及編輯權。

(一) 重製權

經由重製權的行使，著作人可以將其著作大量複製散布，藉以獲取經濟利益。所謂之重製，包括印刷、複印、錄音、錄影、攝影、筆錄等之有形方式，將著作製作成多份的行爲。實務上著作人常將重製權授權給出版商以換取收益。

（二）公開展示權

著作人有公開陳列其美術或攝影作品之原件或複製件之權利，以便其著作能為他人所購買收藏，獲取經濟上之報酬。惟著作權法第二十七條規定此一權利僅適用於「未發行」之美術或攝影著作；故一旦著作人將其美術或攝影著作予以複製散布，則其將無權禁止他人公開展示此一著作。

（三）出租權

著作一旦經過重製之後，可以經由市場通路，以購買或租賃的方式大量散布。著作權法規定，除了電腦程式及錄音著作外，包括著作人以及著作重製物之所有人均可以出租該重製物予他人。

（四）公開口述權

著作人以朗誦等口語表達之方式向公眾傳布其著作之內容；此種權利僅限於詩、詞、小說、散文、相聲等語文類著作。

（五）公開播送權

所謂公開播送，係指以公眾接受訊息爲目的，播送人利用有線電、無線電或其他器材，藉由聲音或影像向公眾傳布著作之內容。實務上電影台或廣播電台若欲播放有著作權之著作，一般均須事先獲得著作人之授權。

（六）公開上映權

所謂公開上映，係指以視聽機或其他傳送影像之方法，向包括電影院、MTV、KTV、旅館、飛機等場所之公眾傳達著作內容。實務上倘若消費者購買的是「家庭版」而非「營業版」之錄影帶，則該錄影帶不包含公開上映之授權，亦即不得在前述場所對公眾放映。

（七）公開演出權

語文、音樂、戲劇或舞蹈類著作之著作人擁有公開演出的權利，亦即以演技、舞蹈、歌唱、彈奏樂器或其他方法向現場之公眾傳達其著作內容。須注意此一權利之行使對象僅限於「現場」之公眾，故實務上未經著作人授權，逕以擴音器材將原始播送之聲音或影像向現場聽（觀）眾傳達者，亦屬於對著作人權利之侵害。

（八）改作權

著作人專有對其著作改作成衍生著作之權利，包括翻譯、作曲改編、文學著作改寫或改拍成電影等權利。實務上只要該衍生著作仍然具備原著作之特色或風味，就可被視作為改作而必須獲得著作人之授權。

（九）編輯權

著作人專有對其著作編輯成編輯著作之權利，所謂編輯著作係指就原著作之資料加以選擇編排而成之著作，例如《李敖精選集》、《台灣工商名錄》等。實務上他人欲將著作人之著作編輯為編輯著作，均應事先獲得著作人之同意。

一般而言，著作人為自然人者，其著作財產權存續於著作人之生存期間及死亡後五十年。著作人為法人者，則存續至其著作公開發表後五十年。

茲將各項著作權利整理如表3-1。

表3-1　著作權利一覽表

		1	2	3	4	5	6	7	8	9	10
著作類別		語文	音樂	戲劇舞蹈	美術	攝影	圖形	視聽	錄音	建築	電腦程式
著作財產權	重製權	Y	Y	Y	Y	Y	Y	Y	Y	Y	Y
	公開展示權				Y	Y					
	出租權	Y	Y	Y	Y	Y	Y	Y	Y	Y	Y
	公開口述權	Y									
	公開播送權	Y	Y	Y	Y	Y	Y	Y		Y	Y
	公開上映權							Y			
	公開演出權	Y	Y	Y							
	改作權	Y	Y	Y	Y	Y	Y	Y	Y	Y	Y
	編輯權	Y	Y	Y	Y	Y	Y	Y	Y	Y	Y
著作人格權	公開發表權	Y	Y	Y	Y	Y	Y	Y	Y	Y	Y
	姓名表示權	Y	Y	Y	Y	Y	Y	Y	Y	Y	Y
	保持完整性	Y	Y	Y	Y	Y	Y	Y	Y	Y	Y

四、著作權之限制

我國著作權法第一條明定著作權法之立法目的在於「保障著作人著作權益，調和社會公共利益，促進國家文化發展。」由此可知，除了保障著作人之人格及經濟利益之外，透過對著作權的保護，包括公眾藝文活動、新聞資訊自由流通等社會公共利益，以及提升教育文化水準等之目標均可以達成。因此著作權法一方面賦予著作人其專有之權利，另一方面又必須在兼顧國家社會的利益之下對著作人之權利予以限制，允許他人可以未經授權在一定的範圍內合理使用其著作（fair use）。惟此一合理使用之範圍僅限於著作財產權的部分（重製、公開演出等）。著作權法對於符合所謂合理使用的各種情形作出下列規定：

（一）重製權

包含已公開暨未公開之著作；惟均應明示其出處：

1.中央或地方機關爲立法或行政目的，執行其職務之公

務員。

2.任何人專為司法程序之使用。

3.供公眾使用之圖書館或其他類似機構。

4.中央或地方機關、依法設立之教育機構或公共圖書館重製論文之摘要。

5.學校及其教師依教學需要，重製他人已公開發表之著作。

6.任何人得重製公法人之著作。

7.個人使用圖書館（影印書籍）及私人使用之機器（VCR錄影帶）的非營利重製。

8.以點字、錄音、電腦等方式為盲人之重製。

9.中央或地方機關、依法設立之各級學校或教育機構，重製已公開發表之非試題著作，以用作考試之試題。

10.廣播或電視為播送之目的，以自己之設備錄音（影）重製。

11.電腦軟體購買人複製備份。

12.新聞媒體轉載其他報紙、雜誌上未經註明不許轉載或播送有關政治、經濟或社會上時事之論述。

13.美術或攝影著作之原件或合法重製物所有人公開展示該物件時，於說明書內重製該著作。

（二）公開展示權

未發行之美術或攝影著作之原件或合法重製物之所有人可以公開展示其所有之物件；此乃因該所有人僅擁有著作原件或重製物之所有權，而未享有著作權之故。

（三）出租權

除了錄音及電腦程式著作之外，著作合法重製物之所有人，得出租其合法所有之重製物（租書店）。

（四）公開口述權、公開播送權、公開上映權及公開演出權

1. 任何人皆可公開播送公法人之著作。
2. 非營利之公共活動中可公開口述、播送、上映或演出他人已公開發表之著作；所謂非營利係指未向大眾收費，同時亦未支付表演人報酬。

（五）改作權

合法電腦程式著作之所有人，可以為了配合其所使用電腦硬體之需要，對其程式進行修改；又某些符合前述以重製或公開口述、播送、上映、演出等方式利用他人著作情形者，亦可以就該著作予以翻譯。

（六）強制授權

所謂強制授權係指在促進社會公益及發展國家文化水平的前提下，不論著作人是否同意，只要他人在一定期限後，給付一定之報酬便可取得該著作之使用權。現行著作法規定之強制授權僅限於音樂著作及各級學校之教科書。以音樂著作強制授權為例，必須符合下列要件方可為之：

1. 該音樂著作必須是錄製作為銷售之用。
2. 該音樂著作必須是已公開發行滿六個月。
3. 申請強制授權者必須也是要錄製音樂著作作為銷售之用。
4. 必須向主管機關申請強制授權並給付一定使用報酬。

五、著作鄰接權

所謂的著作鄰接權（neighboring rights），係指著作之傳播者所具有的特定權利；通常包括表演者對其表演、錄音（影）製作者對其製作的錄音（影）、廣播電視業者對其播放之廣電節目所享有之權利。我國目前對於著作鄰接權之保護僅限於表演者以及錄音（影）製作者。

（一）表演者權

所謂表演，係指包括演員、歌手、舞者以及指揮家等表演者，對別人創作的文學或藝術等著作，進行詮釋及傳播之行爲。由於大部分之文學或藝術著作必須透過表演方能爲公眾所理解，且表演行爲之本身更爲表演者之藝術成果，因而表演可以被視作爲著作權之鄰接權而受到下列之保護：

1.表演者對其表演行爲，以及播放含有其表演之音像製品，均享有表示其姓名之權利。

2.保護其表演形象不受歪曲。

3.具有授權他人從現場直播之權利。

4.具有授權他人爲營利目的錄製音（影）之權利。

表演者取得上述著作鄰接權之前提爲其必須取得著作人之許可（倘若其爲未公開發表之著作）並支付報酬。

（二）錄音（影）製作者權

所謂的錄音（影）製作者之著作鄰接權，係指錄音（影）製作者對其製作的錄音（影）製品之複製具有發行權。如同上述之表演者權，錄音（影）製作者必須先取得著作人之許可（未公開發表）並支付報酬。

六、著作權仲介團體

所謂的著作權仲介團體，係指著作權人集體行使其著作權利之制度。透過此一組織，著作權人可以利用團體的力量來提升自己與著作權使用人間談判的地位，進而能夠爭取到更大的經濟利益；另一方面，此類團體可以更有效的協助個別著作人防止或排除其著作權受到他人之侵害。實務上目前我國之著作權仲介團體皆爲音樂著作團體，代表個別之音樂著作權人向著作使用人（表演人、夜總會、KTV等）收取權利金，其中較著名者如簡稱爲ARCO的中華民國錄音著作權人協會（The Association of Recording Copyright Owners of ROC）。其作法爲一方面與音樂著作權人簽約，取得音樂著作權人之公開演出權及公開播送權；另一方面與音樂著作之使用人簽訂授權合約。仲介團體與著作權人間之互動如下：

1.只有著作權人才可以加入仲介團體，惟一人不能加入二個以上同類仲介團體。

2.一旦著作權人將其著作財產權交由仲介團體管理，則不得再授權第三者。

3.仲介團體須將其所收取之權利金扣除管理費後，定期分配給著作權人。

4.仲介團體得以自己之名義，爲著作權人之計算，提起民事訴訟等行爲。

七、數位資訊之著作權保護——以MP3爲例

各種數位化之資訊，不論其爲語文、音樂、戲劇、藝術

等，只要其符合著作之要件，均可以受到著作權法之保護。另一方面，由於數位化著作具有易於被重製、傳播、儲存等不同於一般著作之特性，故對於著作人而言，其著作權遭受到侵害的機會亦大為提高。

著作財產權中最重要的權利非重製權莫屬；數位化時代中，將任何可受著作權保護的數位資訊存入至磁片或光碟片，或將其輸入於電腦之隨機存取記憶體中，凡此數位資訊之存取過程即構成著作之重製行為。一般而言，網路上資料之存取均和重製行為有關，任何未經著作人許可授權之重製行為，除了在合理使用之範圍內，其他皆可被視為對著作權之侵害，常見的網路MP3（MPEG LAYER 3）下載行為，即因其是否侵害他人之著作權而廣受爭議。

拜網際網路蓬勃發展之賜，具備儲存量大、傳送易等特性的MP3音樂格式檔案，由於其可以將音樂著作以虛擬之檔案格式在網路上下載交換，加上如雨後春筍般出現的MP3分享軟體以及硬體播放工具，導致無數的音樂著作透過MP3下載行為而被大量重製，由於類似之行為可能會嚴重侵蝕CD及錄像帶業者之利潤，因而引發了所謂未經著作人授權之MP3重製行為是否侵害著作權的爭議。

一般而言，著作之非營利重製屬於其所有人之合理使用範圍，故無須獲得著作人之許可。例如音樂著作之CD係基於著作人之同意而流入市面由某甲購得，此時某甲本於其CD所有人的權利，可以用MP3的方式將該CD內部分或全部之音樂著作重製成一張新CD歌曲集，以供自己在汽車內使用，則此一重製行爲仍屬合理使用之範圍內，而不會侵害到他人的音樂著作權。反之，倘若某甲重製之目的並非基於自用，而是將其所錄製的CD分贈或銷售予他人，則會侵害到著作人之著作財產權，依法必須負擔民、刑事法律責任。

上述之MP3不當重製行爲固然侵害到著作人的權益，另一方面，MP3加上網際網路，方便且快速的以低廉的成本重製傳播音樂著作，亦爲一不爭之事實。消費者與著作人間必須重新確立MP3「財產權」與「使用成本」間的標準與機制，如此方能在遵守著作權法的前提下，追求雙方最大之經濟效益，進而各蒙其利。

另外，寬頻時代的來臨，使得傳統的電信、有線電視產業與媒體、資訊科技等逐步整合，透過其各自之網路平台提供各項服務給消費者；另一方面，經由如電話、電視、PC等終端設備，消費者可以在任何時間及地點，取得包括語文、音樂、藝術、攝影等各種數位化著作。此種寬頻多媒體之提供者與消費者間之著作重製及傳播方式，即是所謂的「互動式（interactivity）傳播」模式。

爲了保護經由互動式傳播之數位化著作不會受到侵害，

我國智慧財產局正研擬將著作人原所擁有之「公開播送權」擴充爲所謂的「公開傳播權」，而將前述之「互動式傳播」包含於公開傳播權之內，其目的即在於規範著作權對新興寬頻傳播型態之保護。

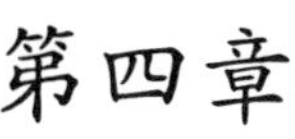

第四章

商標權

一、何謂商標？

（一）商標之功能

商標（trademark）是一種交易中使用的標記，用於商品與廣告上藉以表彰其商品之來源，使消費者得以區別不同業者之商品。商標大部分係文字或圖案等之組合；更是被長期使用後或投入大量之廣告費用後，所建立起之商品信譽象徵。惟商標必須和商品與廣告相結合方具價值，商標一旦與商品分開便不具獨立存在之意義。因此商標權之標的物是商標加上商品所形成之結合體。一般而言，商標具備下列各項功能：

◆商品來源之辨識

商標可以幫助消費者，從市場之眾多來源不同的相類似商品中，找到自己所欲購買之特定商品，此即所謂的辨識商品來源。現今工商社會注重全球化之專業分工，造成實務上消費者常常只會認同某一商標之商品，而不知道此商品之生產地或其生產者之公司名稱；例如一部被消費者指名購買標有TOYOTA商標之汽車，其商品生產地可能是台灣、美國甚至於馬來西亞，更有甚者，許多的TOYOTA商標汽車消費者可能都不知道其代理經銷商之名稱爲何。

◆商品品質之擔保

一旦消費者對某一特定商標已具有印象，則該商標所代表之商品對此一消費者而言，便具有特別的品質保證。因而商標所有人勢必更加努力改善其商標商品之品質，以確保消費者會繼續購買其商品。

◆商品廣告之促銷

商標與廣告，二者相輔相成；一方面透過廣告之傳播，使得商標成爲一家喻戶曉的交易標記，一方面由於商標久經使用後可以爲商品帶來一定之商譽，使得消費者口碑相傳成爲最佳廣告。由此可知，商標亦具有廣告之作用。

（二）商標之取得

由於商標具有極高之經濟利益，且影響到企業之發展與消費者之權益，因此各國政府均予以立法規範，期望能建立一套良好之商標權制度。至於商標權之取得，世界各國大致上可分為以下二種制度：

◆使用主義

以美國、加拿大為主之國家，主張商標所有人因使用之事實而取得商標專用權，商標註冊僅為其所有權之證明而已。

◆註冊主義

包括我國在內之大多數國家，主張商標係因申請註冊經主管機關核准後取得，此即所謂之「先申請先贏」制度。

值得注意的是，商標權之所有人擁有的係一「排他性」之權利，亦即他人不可以在同一或類似商品上使用與其註冊商標相同或近似之標記作為商標。倘若商標權所有人，任由他人使用其所有之註冊商標且疏於排除對於其商標權之侵害，其結果則將使得一般消費大眾習慣於以該商標名稱來稱呼此一商品，如此一來則會使得該註冊商權失去其專有之排他權；著名的例子如美國全錄影印機之商標Xerox由於長期為消費者使用為與影印「Copy」同意義之動詞，以至於失去其專有之排他權，其他的例子如Walkman（隨身聽）、Asprin（阿斯匹靈）、Poloshirts等均是。

另外，並不是所有的商標都一定必須註冊才能使用，企業可以自行使用任何不侵害他人商標的標記作爲其商標；未依商標法註冊之商標則不受商標法之保護。我國商標之有效期間爲十年，但得依法不限次數延展，每次以十年爲限。惟註冊之商標倘若實際上超過三年以上未曾使用，則任何人均可申請撤銷之。

二、商標之種類

我國商標法將商標分爲商品商標、服務標章、證明標章及團體標章等四大類。

（一）商品商標

商品商標係企業爲表彰其商品之來源，使消費大眾可以區別不同企業所提供之商品，而在其商品上所附加之標記。除了一般之商品商標以外，商品商標尙可以被細分成聯合商標與防護商標二種。

◆聯合商標

所謂聯合商標（association mark）係指同一商標權所有人對於其所擁有之各個商標可以作下列各種類型之使用。

1.同一商標使用於類似商品：例如「統一」之商標可見於其所生產之所有食品，包括麵包、乳類、零食等。
2.近似商標使用於同一商品：例如宏碁之「Acer」商標於不同時期有各種不同之圖樣，惟皆用於其所生產之電腦之上；又如「Coca-Cola」與「Coke」皆用於同一飲料。
3.近似商標使用於類似商品：例如台塑集團之「Formosa」商標，分別被其用於加油站（油品）及汽車（台塑汽車）等商品之上。

◆防護商標

所謂防護商標（defensive mark）係考量到企業成長之後，有可能生產或銷售與原註冊商標全然不同種類之商品，因此允許企業事先申請防護商標給其非類似但性質相關聯之商品使用，藉以預留未來多元化商品之空間；例如「台糖」砂糖與「台糖」冷凍豬肉。此一作法使得他人無法魚目混珠

將不屬於其之註冊商標用於不同種類之商品，值得一提的是倘若某一商標已經可以被視作爲「著名」商標，則縱使其各種商品間之性質並無任何關聯，其仍然可以申請防護商標，例如「大同」電器與「大同」磁器。

(二) 服務標章

服務標章（service mark）與商品商標之差異在於其所欲表彰之標的物與其使用之方式。蓋服務標章係用以表彰營業上所提供無形之服務（例如「遠傳電訊」），而商品商標則是用以表彰營業上有形之商品（例如「NOKIA」）。不同於商品商標之使用方式係附著於商品上，服務標章係將之附著於營業上之物品、文書、宣傳品之上。

企業服務標章所欲表彰之無形服務必須是其獨立之業務，而非附屬於其商品之服務；例如「全國」加油站雖然附設有洗車之服務，惟其僅爲附屬於其「全國」汽油商品之服務，因而不能以「全國」名稱申請洗車業務之服務標章。

(三) 證明標章

證明標章（certification mark）的作用在於保證商品的品

質，例如商品的製造方法或原料、商品的特定產地等均屬證明標章所欲保證之項目。不同於商品商標與服務標章，證明標章之目的並非表彰自己的商品或服務，而是在證明他人所製造之商品或提供之服務具有相當程度的品質。

證明標章之目的在於證明他人之商品或服務，故證明標章之所有人必須自行訂定其發給標章之標準，政府不予干涉。常見的例子如證明商品產地的「池上農會輔導」食米以及證明製造方法的「食品GMP」等標章均是。

（四）團體標章

團體標章（collective mark）之目的在於區隔分辨業者所屬的團體，凡是公會、協會或其他團體為表彰其組織或會籍，皆可以申請團體標章；惟擁有團體標章之團體，其本身不能製造、生產、銷售使用其標章之產品，藉以防止標章為人利用作為不公平競爭之工具。

如同上述之證明標章，團體標章所欲證明或表彰的是他人之商品品質或會員身分。常見的例子如「國際羊毛局」的純羊毛標章、美國汽車協會「AAA」等。另一方面，例如「扶輪社」、「青商會」等團體，由於並無從事任何營利之行為，因而其標章並非商標法所稱之團體標章。

三、商標註冊之要件

商標係由文字、數字、字母、圖形、記號、顏色等組合或其中數種聯合組成；其中可分為文字與非文字二大類，文字類之商標包括字詞、標語、口號、姓名等，非文字類之商標有符號、圖像、產品組合、產品外觀等。值得一提的是所謂的「產品組合」商標並非指產品之本身，而係指因產品之組合而聯想到產品的來源，例如「阿Q桶麵」之商標乃是由麵（產品）與桶（包裝）共同之組合而成。另外所謂的「產品外觀」係指產品包括形狀、包裝、色彩等之「圖樣」組合，例如7-11之「重量杯」圖樣，因其特殊之形狀、色彩等應可以申請「產品外觀」之非文字類商標。惟我國目前商標法規定單純「立體」之外觀設計，如可口可樂的瓶子等，則不能申請作為商標。

我國商標法規定商標必須符合積極與消極要件方能註冊，所謂積極要件是指商標圖樣之顯著性而言，而消極要件則是指商標不得有商標法第三十七條所列舉之各款情形。

（一）積極要件：顯著性

商標法第五條第一項：「商標所用之文字、圖形、記號、顏色組合或其聯合式，應足以使一般商品購買人認識其爲表彰商品之標識，並得藉以與他人之商品相區別。」此即商標必須具顯著性（distinctiveness）之要求。所謂的具顯著性與否，必須根據一般人之生活經驗予以判定，包括商標之外觀、稱呼、觀念與其指定使用商品間之關係，只要能夠足以具識別之作用，就可以符合顯著性之要求。實務上，商標主管機關認定以下各項均不具顯著性：

1.簡單之線條、基本顏色或未經設計之單一中文或字母。

2.單一數字或多數數字排列而無意義者。

3.複雜之圖形或文字圖樣，例如「蒙娜麗莎的微笑」畫作。

4.流行之標語、口號，例如「小心點兒」。

5.常用之成語、形容片語、祝賀語，例如「戰略高手」。

6.單純之國名、習知之地理名稱，例如「USA」、「麻豆」等。

7.工商企業、機構等慣用名稱，例如「股份有限公司」、「大飯店」等。

8.常見之單純姓氏。

9.宗教習用之標誌，例如「十字架」、「太極圖」等。

10.書籍、小說等著作物之名稱，例如「水滸傳」、「未央歌」等。

11.電影、電視影集、流行歌曲之名稱，例如「臥虎藏龍」、「鐵達尼號」等。

（二）第二意義

商標法第五條第二項規定，凡不具顯著性之圖樣，如經商標申請人使用且在交易上已成爲申請人營業上商品之識別標識者，可被視爲符合顯著性之要求而取得商標專用權，亦即商標之顯著性要件可以用所謂的「第二意義」（secondary meaning）予以取代。由此可知，所謂的商標具第二意義，係指原來不具顯著性之圖樣，被申請人重複予以使用，進而產生聲譽，具有商品識別之功能時，該圖樣即可被視作具「第二意義」；意味著該特定圖樣除原有之一般性意義之外，更具有表彰商品顯著性之第二意義。

常見的例子如「007情報員」雖然爲電影之名稱，故不具顯著性，惟007情報員之系列影片，均反覆使用此一名稱且其內容均不相同，該「007情報員」名稱使得觀眾能夠清楚識別影片之來源，因而具備第二意義符合申請商標權之要件。另一例子為「戰略高手」網路咖啡廳，「戰略高手」為一通用之形容片語，不具任何顯著性，惟該企業為著名之網咖業者，擁有數百家之連鎖店遍布全國，因而「戰略高手」業已對消費者產生聲譽，具有表彰其商品（或服務）顯著性之第二意義。

（三）消極要件：無不得註冊為商標之事由

為了保障消費者之權益，促進企業公平之競爭以維護公眾利益，商標法第三十七條特別規定下列各項不准註冊為商標。

1. 國旗（含外國）、國徽、國父及國家元首之肖像或姓名。
2. 國內外著名團體之標章：例如商品檢驗局之正字標記、紅十字會等。
3. 我國政府機關或展覽會所發給之標章或獎牌。
4. 未經許可而使用他人之肖像、全國著名之商號名稱或姓名。

5.妨害善良風俗及公共秩序。

6.描述性之商標：商標不得描述其所附著商品之形狀、品質、功用等；例如「潔淨」洗衣粉、「柔絲」洗髮精等。

7.同一或近似他人商標：以同一或類似商品爲限。

8.同一或近似他人著名商標：不限於同一或類似商品，例如「Yahoo」、「大同」等。

（四）商標之淡化：顯著性之喪失

商標之顯著性並非恆久不變的，它會隨著時間的改變而有程度上之差異。許多商標所有人疏於防護，而任由他人使用自己所申請得來的商標，使得該商標成爲一商品名稱，以至於該商標喪失區隔商品市場之功能，甚至於使得該商標業已成爲該種商品之習慣通用名稱，如此一來則任何人均可使用該「商品名稱」，而該商標所有人便失去其專用權，此即所謂商標之淡化（dilution）。常見的商標淡化案例如「速食麵」、「Xerox」、「Asprin」、「大哥大」等均是。

四、商標權之使用與變動

商標法賦予商標所有人專有使用其商標之權利，而所謂的商標使用，必須是以行銷為目的，將商標用於商品或其包裝、容器、標帖、說明書、價目表等物件上，並加以持有、陳列或散布。商標權作為一種具經濟價值之財產權，可以被用來作為雙方貿易或債權擔保之標的物。

（一）商標權之轉讓

商標法規定商標所有人可以將商標與商品分離，單獨將商標轉讓給他人；問題在於商標仍係一表示商品來源及品質之符號，故一旦和商品分離，則消費者可能會被商標所導引而買到品質較差的商品。

（二）商標權之授權

商標所有人可以將其商標授權他人使用，惟被授權人在商品上必須作商標授權的標示；另一方面，商標所有人並無

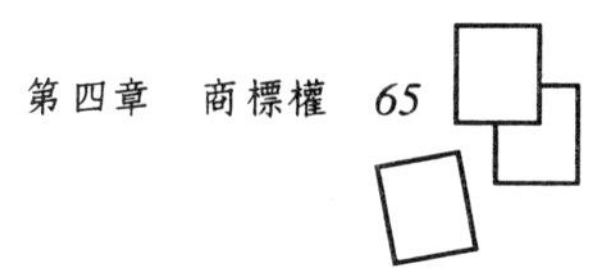

監督被授權人商品品質之義務。常見的例子如「Reebok」、「Hello Kitty」等均是。

（三）商標權之設定質權

商標所有人用商標來設定擔保債務，倘若債務無法清償，則債權人可以拍賣該商標權，著名的「真鍋咖啡」商標遭債權人以高價拍賣即是一例。

第五章

營業秘密

一、何謂營業秘密？

所謂的營業秘密是指一種資訊，包括技術性之資訊與非技術性之商業資訊（例如客戶名單），不論其是方法、技術、製程、配方等類型，只要是可以用於生產、銷售或經營上且符合一定之要件，便可被視爲營業秘密而予以保護。不同於專利權或著作權之排他性權利，營業秘密所有人所享有的僅是一個受到保護之地位；營業秘密的所有人僅能就其所擁有的營業秘密主張被動的防禦性保護。例如營業秘密所有人可以防止他人以不正當手段來取得其營業秘密，惟倘若他人係經由正當之手段（自行研發）取得，則營業秘密所有人無法予以禁止。另一方面，有別於專利權或商標權之必須申請登記，營業秘密一旦符合其成立要件即可受到營業秘密法之保護，無須向政府機關提出任何申請。

我國於民國八十五年制定營業秘密法，就營業秘密作專門性之保護規範。營業秘密法之立法目的在於維護產業倫理與競爭秩序，並調和社會公共利益，以避免企業間以不正當之方法相互挖取營業秘密，造成企業之不公平競爭情形。營業秘密法中對於營業秘密作出了明確的定義：營業秘密係指

「方法、技術、製程、程式、設計或其他可用於生產、銷售或經營之資訊，而符合下列要件者：(1)非一般涉及該類資訊之人所知者；(2)因其秘密性而具有實際或潛在之經濟價值者；(3)所有人已採取合理之保密措施者」。

營業秘密作為智慧財產之一種，其性質雖屬於無形財產，卻具有財產之價值，且能由多人所共同擁有；另一方面營業秘密雖然可以作為交易之個體與繼承之客體，卻不得被作為質權及強制執行之標的物，蓋因強制執行之結果將會使營業秘密被公開，而失去其經濟價值。

二、營業秘密之保護要件

營業秘密法規定企業所擁有之資訊，必須符合下列各項要件，方能被視作為營業秘密而受到保護：

(一) 必須為可用於生產、銷售或經營上之資訊

營業秘密法之立法目的在於維護產業倫理與競爭秩序，故營業秘密必須是能被產業所利用的資訊。惟究竟何種資訊係可為產業所利用，則因各個產業之不同而有所差異；例如

某影星之私生活內幕消息，對於某高科技公司而言可能毫無利用價值，但對某八卦雜誌而言卻可能是一則價值連城的獨家報導。

（二）必須具有秘密性

知悉該項資訊者僅限於少數特定人，倘若該項資訊業已在相關期刊上發表則其便成爲公開之資訊，無法再受到營業秘密法之保護。

（三）非一般涉及該類資訊者所知

倘若某一資訊雖然並未曾對公眾發表，但卻爲一般涉及該類資訊者所知（例如其他同行之業者），如此則所有涉及該類資訊者皆可自由使用，而不屬於營業秘密法保護之範圍。惟假設某項方法雖爲一般涉及該類資訊者所知，但用以實施於其他用途，卻非他人所能知悉，則此方法仍可被視爲營業秘密。例如一般醫界均知雞尾酒式療法對治療愛滋病有效，惟不爲外人所知的是，此一療法對B型肝炎之治療亦有幫助，故B肝之雞尾酒療法係屬非一般涉及該類資訊者所知之營業秘密。

（四）其秘密性具有實際或潛在之經濟價值

所謂的實際或潛在之經濟價值，具體的講，係指該資訊將會增加企業包括生產、行銷、財務等各方面的競爭能力，故一旦對他人公開將會對企業之獲利能力造成負面影響。

（五）營業秘密之所有人已採取合理之保密措施

營業秘密之所有人必須在行為上作出保守該營業秘密之具體動作，例如與員工簽訂保密協定、妥善保管企業之機密資訊等。保密措施「合理」與否，則須視該企業之營業項目與規模、營業秘密之種類等因素而定。

三、營業秘密之歸屬

營業秘密之產生可能是企業本身受雇員工的成果，或係由企業出資聘請委託企業以外之人完成。因此究竟營業秘密該屬於雇主或受雇人，出資人或受聘人，除非在契約中予以明文約定，否則必須依照營業秘密法之規定；其目的在於尊

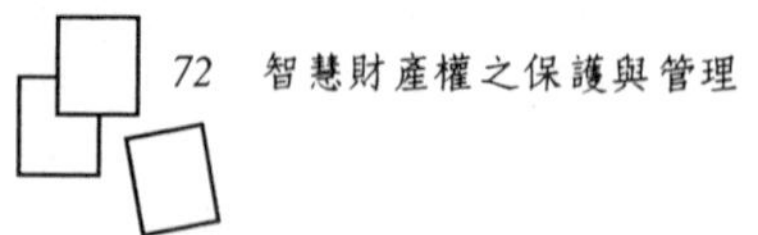

重智慧財產的創造者，另一方面也給予提供資助的企業其應得的經濟效益。營業秘密法所規定之歸屬原則，一般而言與專利法之規定相似：

（一）僱傭關係

受雇員工於工作上所研究開發的營業秘密，除非契約另有約定，原則上屬於雇主所有。受雇人於工作以外所研發出之營業秘密，則應屬於受雇人本身之智慧財產權；但倘若受雇人曾使用雇主之資源或經驗來開發此一營業秘密，雇主可以在支付受雇人合理報酬後，於雇主之事業使用此營業秘密。例如某任職於Mircosoft的軟體程式人員，習慣於下班後利用公司的電腦與網路資源來撰寫與其工作無關的電腦程式，倘若此一程式於完成後符合營業秘密的要件，則Microsoft可以在支付該員工合理之報酬後，於其事業使用該程式（但不得授權他人使用或使用於Microsoft以外之企業）。

（二）出資受聘關係

企業出資聘請企業以外之受聘人所研究開發的營業秘

密，原則上依照契約的約定來決定其之歸屬；倘若雙方並未約定，則歸受聘人所有，惟出資人可以於其業務上使用此一營業秘密。此一規定目的在於尊重並保護智慧財產權創作人之權益，同時對於提供珍貴研發資源的出資企業亦予以合理的報酬。

又營業秘密之所有人可以將其營業秘密之全部或部分讓予他人或與他人共有（例如出資人與受聘人）；營業秘密之所有人亦可以將其營業秘密授權給他人使用，惟非經營業秘密所有人之同意，被授權人不得再次授權。

四、營業秘密遭受侵害之樣態

營業秘密法第十條列舉以下五款營業秘密之侵害類型：

（一）以不正當方法取得營業秘密者

所謂的不正當方法，包括竊盜、詐欺、脅迫、賄賂、擅自重製、違反保密義務、誘使他人違反其保密義務或其他類似方法。任何以不正當方法取得營業秘密者，包括員工、第三者或與營業秘密有法律關係的人（代理商、協力廠商等），均屬被規範之對象。惟以「還原工程」（reserve engineering）方式取得他人之營業秘密，並不屬於上述之不正當方法，故不構成對營業秘密之侵害。

（二）知悉或因重大過失而不知其為前款之營業秘密，而取得、使用或洩漏者

倘若第三者事先明知或因其自身之重大過失而不知該營業秘密之來源不當，卻仍然自他人手中取得、使用或洩漏之，此種營業秘密轉受人之行為，其本身雖未以不正當之方法取得營業秘密，卻具有侵害他人營業秘密之意圖，因而構成對營業秘密之侵害。

（三）取得營業秘密後，知悉或因重大過失而不知其為第一款之營業秘密，而使用或洩漏者

倘若第三者事先並不知該營業秘密之來源不當，俟取得該營業秘密後，方知悉或因重大過失而不知該營業秘密之不當來源，卻仍然使用或洩漏該營業秘密，此亦構成對營業秘密之侵害。

（四）因法律行為取得營業秘密，而以不正當方法使用或洩漏者

所謂因法律行爲取得營業秘密，係指因僱傭（員工）、委任（律師）、承攬（工程承包商）、授權等關係而合法取得之營業秘密，惟合法正當所取得之營業秘密卻仍有被該當事人以不正當方法使用或洩漏的情形，例如員工將其所負責保管之營業秘密洩漏給他人。

（五）依法令有守營業秘密之義務，而使用或無故洩漏者

例如公務人員於執行公務時知悉他人之營業秘密，則依法其有保密之義務而無使用之權利，倘若其擅自使用或洩漏該營業秘密予第三者，便構成對營業秘密之侵害。

五、專利權vs.營業秘密

專利權與營業秘密之間的差別，在於專利權必須經過申請核准的程序，而營業秘密則不需要經過此一程序即可受到法律的保護。許多企業對於其所擁有智慧財產，常常會面臨

要用何種方式來保護其權利之抉擇；對於某些符合申請專利權的營業秘密，究竟是否該申請專利亦或維持其之現狀？以下即爲企業所須考慮之幾項因素：

（一）秘密性

一旦申請專利，則專利內容會被公開，倘若不申請專利，則相關之資訊屬於營業秘密，仍然可以受營業秘密法之保護。另一方面，假設專利一旦無效，專利權便會喪失，由於資訊於申請專利之過程中業已被公開而失去其秘密性，故專利權人也就無法再獲得營業秘密法的保護。

（二）營業秘密所有人之限制

營業秘密之所有人爲了能夠受到營業秘密法之保護，其本身必須採取積極的措施以確保資訊不會洩漏給公眾；同時更必須以契約規定等方式來限制向其取得資訊者不可將其洩漏給其他第三者。另一方面，營業秘密所有人之權利並非如專利權人之排他性，倘若營業秘密一旦被他人以合法的方法，例如還原工程技術、獨立的研究發展等，予以瞭解，則該項營業秘密便不能被視爲「秘密」，而不再受營業秘密法

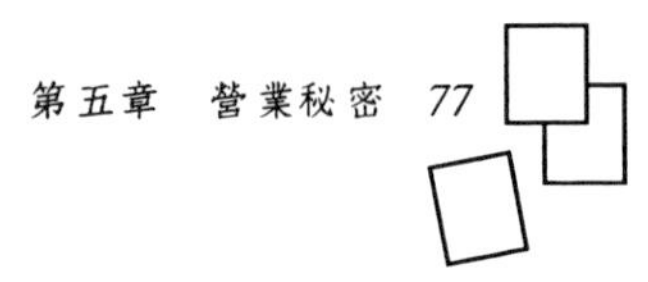

的保護。

（三）專利權人之限制

專利權人之排他性權利並非絕對，而會有地域性與時間存續的限制。而營業秘密的保護則無時間或區域的限制。另一方面，專利權一旦公開，任何人均可以合法地參考該項專利之內容，以便研發其他不會侵害到原專利權的產品。

（四）費用及時間

申請專利需投入大量之金錢與時間，而專利權人爲了保護其專利權更必須花費可觀的管理甚至於訴訟費用。又專利權人於專利被正式核准之前，並未正式取得專利權，而專利權的申請核准時常會延宕數年，而營業秘密之保護則可以溯及到其被創造出的那一刻起。

總之，營業秘密與專利權之保護，究竟何者對於智慧財產之所有人較爲有利，必須視實際的狀況，例如企業之規模、資訊之性質、成本、時間性等因素予以考量。

第二編

智慧財產權保護與相關之國內法律

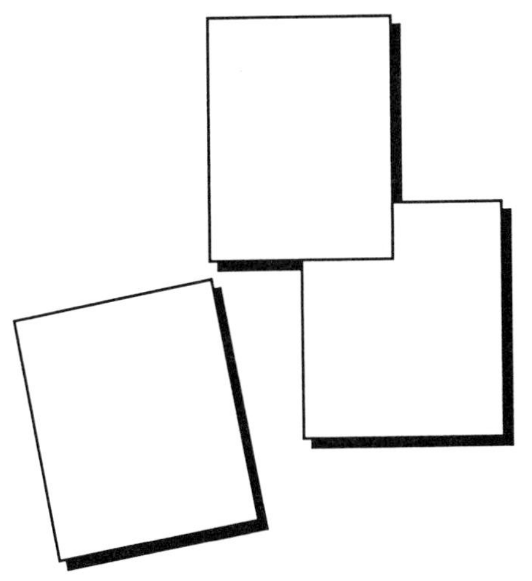

第六章

公平交易法
與智慧財產權保護

一、前言

自一九九二年施行迄今的「公平交易法」，由於其規範所有市場交易之經濟行爲，因而有所謂的「經濟憲法」之稱。公平交易法之立法目的，是希望藉由市場的公平競爭來保護消費者之權益，並透過市場之機制以適當分配社會資源。公平交易法所規範之事項，大致上可以分爲二項：(1)事業之獨占、結合或聯合行爲；(2)事業之不公平競爭行爲。而其所追求的則是事業間之公平與自由競爭。

另一方面，爲了鼓勵發明、創作與新技術之產生，進而促進人類文明之持續進步，專利法、商標法及著作權法等智慧財產法均規定具有高度排他性與獨占性之專利權、商標權與著作權。智慧財產權法欲藉由獨占地位之保障，使智財權所有人能夠安心從事發明創作，並將其移轉給其所選擇的對象。因而從某一個角度而言，似乎主張公平自由競爭的公平交易法，與提供獨占與排他地位的智慧財產權法是有所牴觸的。

其實，公平交易法第四十五條規定「依照著作權法、商標法或專利法行使權利之正當行爲，不適用本法之規定」，

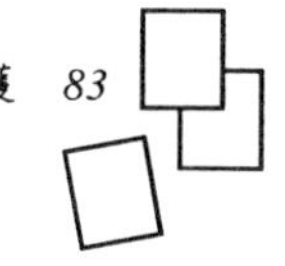

即已明白表示對正當智財權行爲之豁免。惟公平交易法中，對於正當行爲並無明確之認定標準，究竟何種行爲屬於正當智財權之行使，必須視各個案例之情形而定。

一般而言，若是智慧財產權之所有人利用其所擁有之專利權、商標權與著作權，來獲取合理之報償，則其行爲均屬公平交易法第四十五條之正當行爲豁免。反之若智財權所有人利用其所擁有之智財權爲手段，其目的卻在於製造獨占市場暨限制他人競爭之事實，此種行爲自然也就不屬於公平交易法之豁免範圍內了。例如：某甲所擁有之某項專利權，在某一特定領域中已被廣泛的使用，具有該領域之獨占力量。某甲依專利法所賦予其之專利權向其他競爭對手收取專利授權之權利金，只要其他競爭對手有使用某甲專利權之事實，該項專利權縱使具有獨占市場之功能，某甲之行爲仍屬公平交易法之豁免範圍。反之若某甲利用此一專利權對其他競爭者提起訴訟，藉以排除其他競爭對手於市場之外，此種行爲自然不算是專利權之正當行使，而屬於違反公平交易法之獨占行爲。

本文之目的，在於釐清公平交易法與智慧財產權二者之界限，藉以證明二者之間其實並無所謂的牴觸問題。又智財權之範圍雖包括專利權、商標權與著作權等，惟由於商標權與著作權之性質較不易發生因權利處分，而衍生之獨占或不

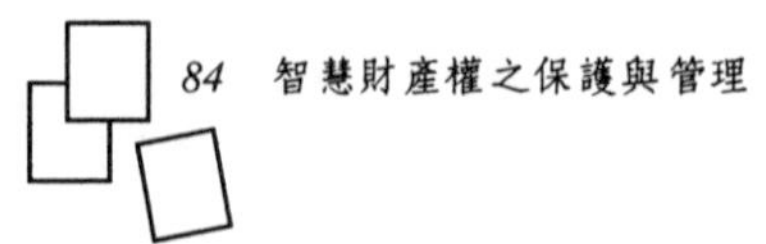

公平競爭問題，因而本文之重點爲專利權之處分行爲，依照公平交易法所規範之事項，分別予以討論。

二、公平交易法與專利權之行使

（一）專利權與獨占、結合、聯合行爲

我國專利法第四十二條賦予專利權所有人獨占該項專利之保障。專利權所有人依法具有製造、使用暨販賣該項專利之權，只要不超出該項專利權法之範圍，一般而言應無違反公平交易法之虞。另一方面，經由專利授權之方式，專利權所有人可以個別或聯合他人獨占市場，打擊其他競爭之對手。

至於涉及專利權授予之個別獨占、結合或聯合行爲，是否符合公平交易法第四十五條之「正當行爲」豁免條款，則必須視個別案例之實際情況而定。

1.根據公平交易法第十條之規定，獨占之事業不得有「其他濫用市場地位之行爲」。假設甲公司爲了排除其

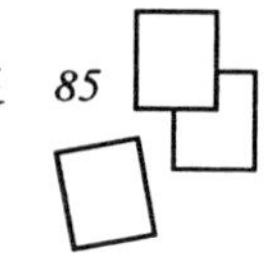

他之競爭對手，從第三者處取得某項軟體視窗之專利權。由於此項專利之授權，使得甲公司之電腦產品於該特定市場中具有獨占地位之優勢，甲公司遂利用此項專利授權，對其競爭對手提出訴訟，迫使其競爭對手支付龐大之權利金，甚至於退出此一特定市場。由於甲公司係經由此一專利權之取得，使其獲得市場獨占之地位，而其動機卻是為了排除競爭，故屬於濫用市場地位之行為，因而違反了公平交易法。

2. 公平交易法第十四條明定「事業不得為聯合行為」。如今甲公司為了打擊其他之電腦競爭對手，與乙電腦公司進行策略聯盟，彼此就某些其各自所擁有之專利技術進行交叉授權；其真正之目的在於限制其他競爭對手，以侵害專利權訴訟之威脅，迫使其他競爭對手退出此一市場，或接受其所要求之高額授權金條件。此種利用專利權交叉授權之方式，進行事業間之聯合，以達到壟斷市場目的之行為，並不屬於公平交易法第四十五條所豁免之範圍。

3. 假設甲公司所擁有之某項專利技術為其唯一之主要財產，今若乙公司受讓甲公司全部或大部分之財產，此即構成所謂事業之「結合」行為。依公平交易法第十二條之規定，若該項結合之目的為限制競爭，且該項結合將導致極高之特定市場占有率，因而對整體經濟造成不利影響之情形時，中央主管機關將不給予該項結合之核准。

（二）專利權與不公平競爭

實務上，行使專利權之方式常為簽訂專利授權契約，將本身所擁有之專利權授予他人使用，藉以換取權利金之收入。專利權所有人為了追求最大之經濟利益，並保護自身之權益，均會在專利授權契約中對被授權人加以限制，例如權利金之數額、限制被授權之地區、限制被授權人製造產品之售價、搭售等等。上述之專利授權限制，有些並未超出行使專利權正當行為之範圍，有些則是屬於違反公平交易法之不公平競爭行為。一般而言，若專利權所有人依專利法而行使其專利權之「固有內容」，例如權利金之給付、禁止被授權人再次授權予第三者等，均比較不容易被認定為係違反公平交易法之行為。另一方面，若專利權所有人藉專利法之外的契約行為，而行使專利權之「非固有內容」，例如限制產品售價、限制產品銷售對象、限制被授權人為營業競爭等，則極易於發生違反公平交易法第十九條第六款所稱之「以不正當限制交易相對人之事業活動為條件，而與其交易之行

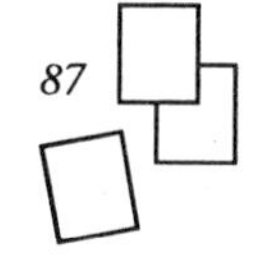

為」。

◆轉售價格之限制

專利權所有人依法可以獲取相當於其專利權價值之報償，惟不應以專利權作為其限制其他競爭對手之工具。公平交易法第十八條規定「事業對於其交易相對人，就供給之商品轉售與第三人或第三人再轉售時，應容許其自由決定價格」。換言之，專利權之授權人除了收取其所應得之權利金之外，不可在授權契約中限制被授權人對其產品之轉售價格，以免影響到下游之競爭。

◆搭售（整批授權）之行為

所謂搭售係指授權人要求被授權人必須接受其整批之授權，包括被授權人所不需要的專利技術在內；例如電腦硬體專利權之授權人要求被授權人連同某項軟體專利一併授權。此種行為因有妨礙公平競爭之虞，違反了前述公平交易法第十九條第六款之規定，故不屬於行使專利權之正當行為。另一方面，若此一搭售之目的，在於使該項硬體專利充分發揮其應有功能，係實施該項硬體專利之必備要件，且該硬體專利授權人並無控制此一市場之能力，則此一搭售行為應屬合法。

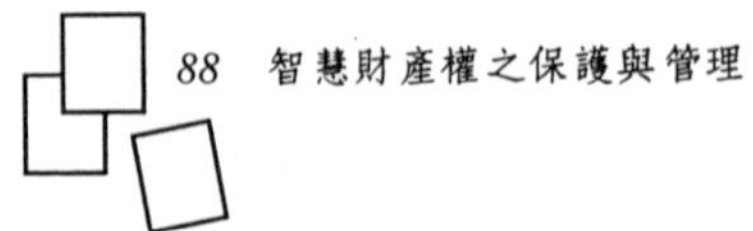

◆限制使用範圍／地區

原則上，專利授權人可以因不同之情形，設定不同之授權條件；惟此一作法不得以限制競爭為目的。又被授權人彼此之間，亦不得以此作為其分割販賣市場或通路之手段（公平交易法第十四條之聯合行為）。此外由於專利權之有效範圍僅止於其登記之國家，因此若授權人欲在其登記國以外之地區，對該項專利之授權加以限制，則此一行為極有可能會構成公平交易法第十九條第六款所稱之「不正當限制交易行為」。

◆回饋義務之約定

專利授權人於合約中要求被授權人一方，於被授權期間，對於該項專利權有改良或應用性之發明時，有義務將該等經驗或發明回歸或讓予授權人使用。一般而言，若授權人與被授權人彼此間之立足點平等，被授權人為取得此一專利授權已付出合理之對價，且並非被迫簽下此一回饋義務之約定，則此一授權限制並不構成不公平競爭之行為。

◆專利權產品生產數量之限制

原則上，專利授權人可以限制被授權人之最低暨最高產

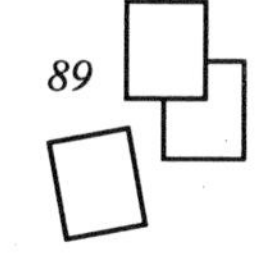

量，惟此一限制不能影響到事業間之自由競爭，否則即違反公平交易法第十九條第六款之規定。又甲公司與乙公司間有競爭關係，若甲公司限制其給予乙公司某項授權專利之生產數量，則極有可能構成公平交易法第七條所稱之「聯合行為」；而此種行為非經中央主管機關許可，不得為之。

◆權利金之約定

基於契約自由原則，授權契約之雙方當事人可以自由約定包括權利金之數額和給付方式等事項；惟雙方之談判立足點必須平等。若權利金之計算方式明顯的不合理，授權人甚至於連無專利權之部分也要收取權利金，如此即已構成了足以妨礙公平競爭之行為，符合公平交易法第十九條第六款之「不正當限制交易行為」。

◆其他之限制

專利授權人所加諸於被授權人之限制，除了上述各類型之外，尚有許多係根據彼此間之契約而產生者。例如對被授權人原料購買之限制；禁止被授權人對專利權進行改良之限制；禁止被授權人對所授予專利之有效性提出質疑之限制（不爭執專利權之義務）；約定被授權人不得製造或銷售與授權專利品相同或類似產品之限制等。一般而言，倘若此類約定將會對被授權人之事業活動造成限制，進而妨礙事業之公平競爭，則通常會被認爲已經超出專利權之正當行使，違反了公平交易法第十九條第六款之規定。

三、公平交易法與營業秘密之保護

公平交易法第十九條第五款規定事業不得以「脅迫、利誘或其他不正當方法，獲取其他事業之產銷機密、交易相對人資料或其他有關技術秘密」。此項條文對於企業之間未經授權使用或洩漏營業秘密之違法行爲，具有一定程度之遏阻作用。蓋營業秘密係屬於智慧財產之一種，其所有人對其擁有專屬之使用或處分權。立法者對於包括營業秘密在內之智慧財產權給予獨占權暨相關之保護措施，其目的在於鼓勵更多人從事科技之研究創新，藉以推動人類物質文明之繁榮進步。另一方面，假若事業可以使用各種之不正當手段，從其他競爭對手處取得其營業秘密，此舉將使得事業單位對於從事研究創新之意願低落，間接的阻礙了人類知識技術進步之加速。基於上述之認知，公平交易法對於此種掠奪或竊取營業秘密之行爲，視爲不當之交易行爲。

不同於刑法第三百十七條所規定之「依法令或契約有守

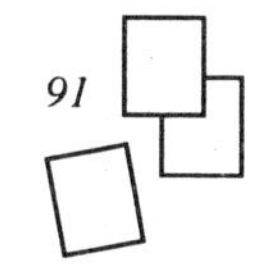

因業務知悉或持有工商秘密之義務而無故洩露者」處罰對象，公平交易法第十九條所針對之行為人，其主要對象是指事業之競爭對手。具體的說，公平交易法所欲遏阻的不法洩露營業秘密行為，主要是指企業藉由不當之惡意「挖角跳槽」方式以取得競爭對手之營業秘密而言。

(一) 損害賠償暨罰則

◆損害賠償

依公平交易法第三十條「事業違反本法之規定，致侵害他人權益者，被害人得請求除去之；有侵害之虞者，並得請求防止之」；又第三十一條明定「事業違反本法之規定，致侵害他人權益者，應負損害賠償責任」。對於那些以不正當方法取得其競爭對手營業秘密之事業而言，不論其與被害人是否存有契約上或法令上之特殊關係，均須付出一定之賠償金額與受制於相關之保全程序。

◆罰則

公平交易法第三十六條針對侵害營業秘密之行為，規定「經中央主管機關命其停止其行為而不停止者，處行為人二年以下有期徒刑、拘役或科或併科新台幣五十萬元以下罰金」。惟由於此項罰則僅適用於那些「經制止而無效」者，故對於僅「單次」侵害營業秘密之行爲人而言，本項罰則並無太大之遏阻效果。

另外值得一提的是，公平法第十九條第五款所謂的「不正當方法」，除了脅迫、利誘等方式以外；廣義的說，還應包括所有未依對價或合法方法所取得之其他事業營業秘密在內。

（二）「營業秘密」的定義

所謂的營業秘密，依「營業秘密法」第二條規定，係指「方法、技術、製造、配方、程式、設計或其他可用於生產、銷售或經營之資訊」。上述之定義，明顯的較公平法第十九條第五款所規定之「產銷機密、交易相對人資料、其他有關技術秘密」來得明確。惟「營業秘密法」第二條同時亦規定對於營業秘密之認定，必須符合下列之要件：

1.非一般涉及該類資訊之人所知者。
2.因其秘密性而具有實際或潛在之經濟價值者。
3.所有人已採取合理之保密措施者。

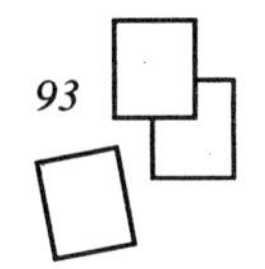

總之，企業為了避免其營業秘密為其競爭對手所不當取得，平日即須加強其對於機密資料之保護措施，如此方能符合「營業秘密」之成立要件並得到公平交易法所給予之保護。

四、結語

智慧財產權法之立法目的，在於透過法律的方式來保護無形之資產，鼓勵科技之創新，進而使得人類之文明得以持續進步。另一方面，公平交易法希望經由公平、自由的市場競爭方式，確實的將經濟資源作一最有效的分配，進而追求最大之社會福利。乍看之下，雖然智慧財產權法之保護獨占，與公平交易法所追求公平競爭之理想有所衝突。惟由於二者之目的均在追求人類文明之最大福利，與法律公平正義之實現；故智慧財產權法並不具有所謂的「不公平競爭」特性，更絕非公平交易法管轄範圍外之「特別例外法」灰色地帶。

另外，為了避免智慧財產權之所有人，藉由契約之約束力，不當擴充智慧財產權之保護範圍，進而造成事業間不公平之競爭；專利權之授權人與被授權人於簽訂專利授權契約時，必須考量下列各個因素，如此才能兼顧個人之私有權利與社會之公共利益，以免違反公平交易法。

1.專利授權契約是否因契約條款之約束力，而擴張專利權之保護範圍？
2.專利授權契約中之授權雙方於其所涉及之相關市場內，個別所占有之地位如何？
3.此一專利授權契約對於未來之相關市場有何影響？
4.專利授權人與被授權人是否具有競爭關係？眾多之被授權人間是否具有競爭關係？
5.被授權之專利是否眞正符合被授權人之需要？授權人是否以訴訟威脅迫使被授權人接受授權？

總之，雖然專利權之取得暨行使必須受到公平交易法之限制，惟除非符合公平交易法所稱之獨占、結合、聯合或不公平競爭等行爲之構成要件，否則，專利權之所有人自無須負違反公平交易法之責任。

第七章

眞品平行輸入與商標權保護

一、前言

所謂「眞品平行輸入」(the parallel importation of genuine goods)係指同一商標之眞正商品，在未經輸入國之商標權所有人同意下，逕行自國外輸入之行爲。一般在我國此種商品通稱爲「水貨」；在美國則稱之爲「灰色市場貨品」(gray-market goods)。所謂「灰色」，係指此種進口行爲既非完全合法，亦非完全非法，乃介於二者之間。

造成平行輸入之因素，主要是各國間之匯率與生產成本不同，另外由於專利或商標權之授權金額因各個被授權人(國)而不同，因而造成水貨進口之有利可圖。一般而言，水貨具有下列各項特質：

1. 乃係合法授權生產製造之產品。
2. 產品標示暨商標權之使用，均經由合法之授權。
3. 未經製造者之合法授權在輸入國銷售。

另一方面，所謂的眞品平行輸入，實務上可以區分爲下列各類型：

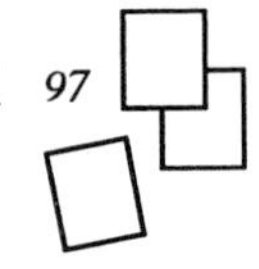

1.產品在甲國由A公司製造，在輸入之乙國，則由A公司本身或透過代理商、經銷商或其子公司銷售；該產品在乙國之商標權屬A公司所有。B公司未經許可，逕行自國外輸入此一產品進入乙國。

2.產品在甲國由A公司製造，在輸入之乙國，則由其代理商、經銷商或子公司銷售；該產品在乙國之商標權屬前述銷售者所有。B公司未經許可，逕行自國外輸入此一產品進入乙國。

3.產品除在甲國由A公司製造之外，在輸入之乙國，亦授權C公司製造銷售，C公司在乙國爲該產品商標權之所有（使用）人。B公司未經許可，逕行自國外輸入此一產品進入乙國。

進口水貨之所以會被定位於「灰色」地帶，介於合法與非法之間，其主要原因即在於水貨之輸入，因其未獲授權，故將會影響到該項產品智慧財產權所有人之權益，諸如專利權、商標權、著作權等之侵害。從智財權所有人之立場而言，其若能基於法律所賦予之獨占權，阻止他人輸入水貨至乙國，成爲乙國該項產品之唯一供給者，如此，該智財權所有人即可避免該項產品價格之自相競爭，確保價格之一致性，維持其合理之銷售利潤。另外智財權所有人投資鉅額之廣告、行銷成本，所建立該項產品在乙國之知名度與市場占有率，卻平白爲水貨進口商所利用（搭便車），亦對智財權所有人有所不公。

另一方面，對消費者而言，其所追求的乃係價廉物美之產品。水貨性質上爲眞正商品之平行輸入，與智財權所有人所進口或製造之產品無異，惟其價格較爲低廉，故對消費者較爲有利，不宜予以過度限制禁止。

受到眞品平行輸入所影響的智慧財產權，其範圍包括專利權、商標權及著作權等。惟本文僅就平行輸入與商標權之關係作一研究，其理由如下：

1.目前實務上著作權採禁止平行輸入；又截至目前爲止，我國法院對於平行輸入是否侵害專利權一事，尚未有一致之結論。

2.商標法第二十三條第三項規定「附有商標之商品由商標專用權人或經其同意之人於市場上交易流通者，商品專用權人不得就該商品主張商標專用權。但爲防止商品變質、受損或有其他正當事由者，不在此限」。根據此一條文，對於平行輸入國外知名品牌之商品在國內銷售的行爲，原則上應不違反商標法。

由於商標乃係表彰商品之標記，在目前競爭激烈的國際

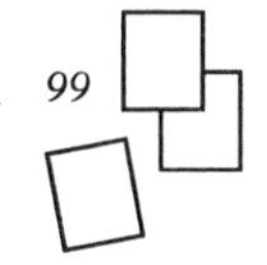

貿易市場中，商標權之使用暨保護更是日益重要。本文之目的即在對於平行輸入之眞正商品，是否構成侵害國內商標權之問題作一深入之探討。

二、眞品平行輸入之相關法律學說

法律界對於眞品平行輸入是否構成商標權之侵害一事，存有正反不同之學說見解，以下茲分別就各個不同之學說加以探討：

(一) 消耗理論

所謂「消耗理論」(exhaustion doctrine)，係指商品由商標所有人或被授權人貼附該特定商標而銷售流通時，該項商標權即因此而「消耗」。因此，隨後若有第三者販賣該特定商標之商品，其行爲便不構成商標權之侵害。例如：商標權所有人A，販售貼附其商標的商品給B，其後B又再將該商品轉售予C，無論該項商品轉售予誰，由於A已經「消耗」其所有之商標權（經由轉售給B)，因此A無法再主張B、C等人侵害其合法之商標權。由於此一理論不僅適用於國內市場商品銷售，同時亦適用於國外市場之銷售；因此，平行輸入之商品，其商標權已在國外被消耗，輸入國之商標權所有人便無法主張平行輸入商侵害其商標權。

我國現行之商標法（第二十三條第三項）即採用此一學說，而准許眞品平行之輸入。

（二）商標功能說

商標係業者用以區分識別自己和他人商品之標識，此即所謂商標之主要功能——識別。除此之外，商標尙有下列三項附屬功能：

◆商品來源功能

業者於商品上貼附商標，以顯示該商品之來源。此一功能著重於消費者權益之保護，目的在於使消費者能夠憑藉著特定之商標，找到其所欲購買之商品。另外，我國商標法第二十六條第三項亦規定，商標若授權他人使用，該被授權人應於其商品上爲商標授權之標示；此一規定亦是爲了表彰該項商品之商標係授權使用之事實，藉以維護消費者之權益。

◆品質保證功能

業者對於貼附某一特定商標之商品，一般均會要求一定水準之品質與性能，藉以維持其商譽暨信用。因而對消費者而言，購買某一特定商標之商品，將可期待某一程度之品質水準；故特定之商標具影響消費者購買行爲之功效。

◆廣告促銷功能

一般而言，凡是屬高知名度且深植人心之商標，均有其廣告之功效。由於消費者對於某些熟悉之商標存有特別之偏好與購買欲望，因此商標之廣告促銷功能，對其所有人而言，實爲無形之商譽表徵，具有極高之經濟效益。

主張此一商標功能說者贊成眞品平行輸入行爲，其主要理由即是由於眞品之平行輸入，並不侵犯商標之顯示商品來源暨品質保證與廣告促銷等功能，因而並未損及商標之經濟價值或消費者之權益。

（三）屬地主義說

不同於前述二種學說，主張商標權屬地主義學說者，反對眞品之平行輸入。所謂的商標權屬地主義，係指商標之登記、移轉、保護均必須依照賦予其權利個別國家之法律規定。依照此一原則，在甲國登記之商標，僅能在甲國受法律之保護，若其欲在乙國受商標法保護，則必須在乙國另行依法申請登記；意即依照他國法律所創造之商標權，在本國並不被承認。

主張此一學說者，認爲輸入之商品是否侵害輸入國之商標權，其關鍵不在於其是否爲貼附商標之「眞品」，而在於其是否違反了輸入國之商標法。

◆案例

某一商標同時於甲乙二國依法登記註冊，在甲國合法貼附商標之眞品，若未經乙國該商標權所有人之同意，逕自由甲國輸入至乙國，依照輸入國（乙國）之商標法，輸入與他人註冊商標相同之商品，即構成商標權之侵害行爲。雖然在甲國之貼附商標行爲合法，惟對乙國而言，此係發生於其他國家之行爲，與在乙國所發生之商標侵害行爲並不相關，故此一眞品之平行輸入之行爲必須被禁止。

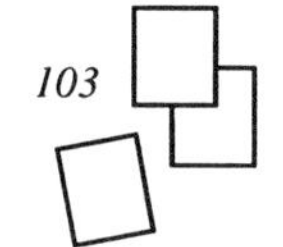

三、我國法院對眞品平行輸入之實務見解

近年來我國發生多起眞品平行輸入之案例，各管轄法院對於此一行爲之侵害商標權與否，作出多項不同之判決；茲舉數件具代表性之案例說明之。

(一) 可口可樂案

某美商A公司所擁有之「Coca-Cola」、「Coke」等商標業已在我國申請註冊，並獨家授權某台灣C公司於台灣地區使用以製造飲料。某台灣B公司未經A公司之授權許可，逕自從國外進口標有前述商標之飲料銷售。

◆台北地方法院之見解

台北地方法院採商標屬地主義說，認爲B公司所進口之標有「Coke」商標之商品，既未經我國合法商標權所有人之同意，且該輸入之行爲發生於我國，故屬於同一商品使用於他人之註冊商標而輸入，因而侵害我國商標權所有人之商標專用暨使用權。

◆板橋地方法院之見解

不同於前述台北地院之判決，板橋地方法院認爲商標係商品之識別標識，其目的在於表彰商品之來源、保證商品之品質。B公司自國外所輸入之標有「Coke」商標之商品，係由A公司所合法授權製造，因而此一平行輸入之行爲，既未妨害商標表彰商品來源暨品質保證之功能，故B公司並無侵害C公司商標權之行爲。

（二）Chelsea案

某日商A公司所擁有之「Chelsea」商標已在我國註冊登記，並授權台灣C公司之獨家使用。B公司未經授權逕自由國外輸入使用「Chelsea」商標之商品在台銷售。

我國最高法院針對此一案件，對於平行輸入之問題，首度作出重要之見解謂：「按眞正商品之平行輸入，其品質與我國商標使用權人行銷同一商品相若，且無引起消費者混同、誤認、欺矇之虞者，對我國商標使用權人之營業信譽及消費者之利益均無損害，……，於商標法之目的並不違背，在此範圍內應認爲不構成侵害商標使用權。」（八十一年台上字第二四四四號民事判決）

由此一歷史性之判決可知，眞品之平行輸入，必須符合下列各項原則方能免於侵害他人商標權之嫌：

1.水貨之品質必須與我國商標使用權人所銷售之同一商品相同。
2.水貨不至於造成消費者之混同誤認。
3.水貨之進口有助於消費者之利益（價廉物美）。

四、結語

在國際貿易活動頻繁的台灣，水貨市場的存在已成爲一普遍之現象。經由眞品之平行輸入，國內消費者可以獲得較多之選擇，享有自由競爭之利益，促使商品價格之合理化。另一方面，爲了避免消費者發生混淆、誤認「眞品」的情形，並維護商標被授權人之合法權益，水貨進口商必須明白標示進口商品之來源，以供消費者辨明選購。蓋唯有兼顧消費者經濟利益暨商標所有人權益之水貨進口，方爲合法之眞品平行輸入。

第八章

網域名稱與商標權保護

一、前言

所謂的網域名稱（domain name），簡單地講，就是一組可以用來表示電腦主機在網路中所在位置的文字符號。原來爲了要能在網際網路上收取與發出資訊，每一台連上網路之電腦均必須有一個獨特的「地址」（IP address）。此一IP Address係由四組八位元之數字所組成；由於不易記憶，爲了能讓使用人可以更方便的進出各網站，於是將此一IP address又轉換爲一套以文字符號爲主之網域名稱。

一般而言，一個網域名稱包括三項結構，由右而左可分爲第一層高階網域名稱（top-level domain Name, TLD）、第二層高階網域名稱（second-level domain name, SLD），以及第三層高階網域名稱（third-level domain name, 3rd LD）。以經濟部的網域名稱www.moea.gov.tw爲例，其中的tw與gov分別爲TLD及SLD，而moea則屬於3rd LD。第一層高階網域（TLD）又稱作區域簡稱，主要是依據全球一百八十多個國家暨地區之代碼爲準據，例如hk（香港）、jp（日本）、tw（台灣）等；唯一的例外是美國，其網域名稱之結構中並無TLD之部分。第二層高階網域（SLD）又稱作類別通稱，一般常

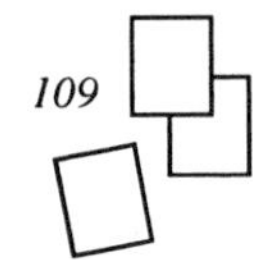

見的有com（商業公司）、org（非營利組織或財團法人）、gov（政府單位）、edu（學校）等。最後的第三層高階網域則爲網域之特定名稱，它可以是該網域所有人或其產品之英文名稱，例如acer、ibm、kfc等。

網域名稱中之TLD與SLD都是固定的，申請人必須依照其自身組織之類別性質，在其所選定之國家或地區註冊登記。唯有第三層高階網域的特定名稱部分，可以讓申請人自由選擇其個別之所好。另一方面，基於下列各項理由，網域之特定名稱時常會造成不同申請人間權利之衝突：

1. 由於網域名稱必須能代表某一特定之網路地址（IP address），因此每一網域名稱必須是獨一無二的。目前大部分之網域名稱均集中於.com（商業公司）的部分，而.com則包括各行各業不同種類的商業活動，造成一旦申請人註冊某一特定名稱爲其網域名稱，該網域名稱便具有絕對之排他性，他人即使是從事與申請人完全不同之行業，也無法申請一個與其同樣之.com網域名稱。此點爲網域名稱與商標之不同處，後者准許相同之商標名稱使用於不同之產業，例如遠東百貨與遠東航空；因此，假設長榮航空以www.eva.com.tw的網域名稱註冊，則另一家從事完全不同商業活動的同名產業（例如Eva Bookstore）將無法再以相同之網域名稱在台灣（tw）高階網域（TLD）註冊。

2.對一般的網際網路使用者而言，有時候爲了要找到自己所要的公司網址，實務上必須使用所謂的「猜測法」，亦即從公司的名稱（IBM, EVA 等）來猜測其可能的網域名稱。如此一來，使得網域名稱成爲一項重要的公司資產；尤其在電子商務盛行的時代，擁有一個簡單好記且與自己公司名稱相同或類似的網域名稱，更是吸引消費者的不二法門。

3.對公司企業而言，一個家喻戶曉的網域名稱不但能指引消費者登門造訪其所擁有的網址，創造潛在商機；更重要的是，此一網域名稱同時也可以表彰其企業所提供之服務，進而建立自身的企業形象（yahoo.com, amazon.com 等）。

基於上述各種原因，許多公司紛紛向主管網域名稱登記的單位申請註冊，希望能搶先取得既好記且好聽的網域名稱。由於一個與某著名企業名稱相近的網域名稱可能價値連城，以至於產成了所謂的「網路蟑螂」（cyber-squatter），意即以搭便車的方式，蓄意將著名企業的名稱或商標用來申請網域名稱，進而用來敲詐企業。總之，網域名稱已經成爲一

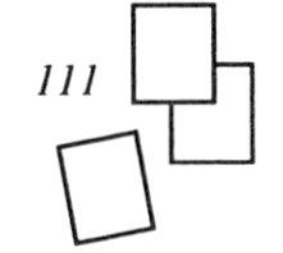

種有價商品，而那些好記的、有意義的網域名稱，由於一址難求，則淪為投機者炒作的目標。

另一方面，由於電子商務交易模式之盛行，使得許多公司的網域名稱廣為消費者與一般社會大眾所熟知；這些網域名稱由於和商標一樣能夠表彰商品或服務的來源，因此實際上具有類似商標之功能。網域名稱和商標雖然各有不同的成立要件與註冊主管機關，卻十分容易被混為一談。本文之目的在於分析二者間之關係，並針對下列各項問題作一深入之探討：(1)是否可以用網域名稱申請商標權註冊？(2)是否可以用他人之商標或公司名稱申請網域名稱？

二、以網域名稱申請商標權之可行性

所謂商標是指依法向政府主管機關註冊而取得，受商標法保護之文字、圖形、記號、顏色組合而言。商標的作用不僅在標示商品的來源，另一方面，同時也可以區別本身與他人之商品，進而提供品質的保證。因此對企業而言，擁有一個名氣響亮且廣為消費者所信任的商標，將可帶來無限的商機。依照我國現行的商標法，商標權所保護的商品範圍，除了註冊時指定之商品以外，更擴及至「類似」之商品；例如某一食品類之註冊商標，商標法不但可以保護其不受到食品類商標之侵害，其他類似之商品或服務（玩具、餐飲業等）亦在其規範之內。

商標之組合雖然包含各種方式，然而無論何種組合之商標，均須具備「顯著性」之要件。所謂的顯著性，係指商標本身具有與眾不同之特別性，能引起一般消費者之注意。在實務上，以下情形由於不具顯著性，故不得申請註冊爲商標：

1. 書法、圖畫等圖形或文字圖樣。
2. 無意義之數字排列。
3. 單一之顏色或線條。
4. 通行之成語、口號。
5. 常見之姓氏。
6. 國名或習知之地名。

惟上述各項欠缺顯著性之名稱表示，若因長期使用，使得消費者廣泛接受其爲表彰商品之標誌，則可被視爲具有顯著性，得准予註冊爲商標或服務標章，例如「太平洋房屋」、「黃大目大溪豆干」等。

另一方面，由於電子商務之快速成長，網域名稱的作用，已不限於網路位址之標示，而是如同商標一般，具有識別商品或服務來源之功能；因此網域名稱之使用已經相當於商標或服務標章之性質。惟不同於商標或服務標章之註冊登記係由政府機關（經濟部智慧財產局）管理，我國負責網域名稱登記申請的單位爲財團法人台灣網路資訊中心（Taiwan Network Information Center, TWNIC）；有別於智慧財產局對商標申請之嚴格審查標準，TWNIC對於網域名稱的核准依據則是「先申請先贏」原則。此一商標與網域名稱註冊申請難易程度上之落差，導致實務上有許多企業雖已經向TWNIC申請並取得了特定之網域名稱，並以此一網域名稱來表彰其商品或服務，卻從未向智慧財產局申請該網域名稱之商標或服務標章權。

爲了保障自身的權益，藉以區分自身之商品以利消費者辨識，企業均應將代表自己商品或服務的特定網域名稱申請商標或服務標章。至於以網域名稱申請商標註冊之標準，則與一般商標之申請相同，下列各項原則爲必須具備之要件：

(一) 具備商標法第五條之「顯著性」——積極要件

若要以網域名稱申請商標，則此一網域名稱之功能絕不只是導引網路使用者進入該公司網頁而已，它必須能夠清楚的讓消費者識別屬於該公司特定商品或服務之來源（source identifier）。例如花旗銀行之網域名稱citibank.com.tw，由於消費者可以輕而易舉的從此一網域名稱「識別區分」屬於花旗銀行之商品或服務，故此一網域名稱之功能已不僅止於網頁地址之導引，因此花旗銀行應可以citibank.com.tw之網域名稱申請商標。又例如國內知名之連鎖出租書店「十大書坊」之網域名稱爲tentop.com.tw，相對於前述花旗銀行之citibank，十大書坊之網域名稱中，全無絲毫線索可以讓消費者來識別其商品或服務，故此一網域名稱之作用僅止於網頁地址導引，因而十大書坊無法以此一網域名稱來申請商標。值得一提的是假若十大書坊之網域名稱爲tentopbooks或tentopbooksrental，則就符合此一商標顯著性之要件，可以登記作爲商標或服務標章。

若是以網域名稱申請服務標章，則其所提供之服務必須符合商標法第七十二條所稱之「營業上所提供之服務」要件；例如由國內許多英國迷你車（mini）車主所設立的迷你車網站mini.com.tw，其內容主要爲介紹迷你車的相關資料與車主聯誼活動，其中雖然也有摻雜mini二手車市場之廣告，惟此一網站所提供之廣告資訊服務並不符合前述商標法「營業」服務之定義，故無法以此一網域名稱申請服務標章。

（二）不屬於商標法第三十七條規定不得申請註冊之情形——消極要件

商標法第三十七條特別例舉十四種不得申請商標註冊之情形，其中包括：

1.國家與國家元首。
2.著名團體標章或證明標章，例如紅十字會、正字標記。
3.政府機關之標章。
4.他人之姓名權。
5.妨害公序良俗。
6.相同或近似他人著名之商標。
7.「描述性」之商標，例如「台灣」牌汽水、「柔軟」牌衛生紙等。

惟前述之「描述性」商標，若已被單獨使用相當長之一段時間，則可產生所謂的「次要意義」，意即消費者業已熟知該項商標所代表之商品品質，而不會將該商標名稱作單純之字面解釋。例如消費者瞭解泰山牌沙拉油之「泰山」爲其品牌名稱，而不會誤認泰山牌沙拉油係產自泰山，因泰山二字足以表徵該產品之來源，故可以申請商標註冊。同樣的某些無意義之數字排列或人名姓氏，若是久經使用而具備次要意義，則亦可以申請商標之註冊，例如104人力銀行、7-11統一超商、815水泥漆、張國周強胃散、黃大目大溪豆干等。

三、以他人商標申請網域名稱

依照我國現行之商標法第二十一條規定，商標權所有人申請註冊取得商標權後，即可禁止任何人以混淆的方式使用其商標；他人除經商標權所有人授權，不得擅自使用。他人若未經授權而使用該商標於相同或近似的商品上，依商標法第六十一條之規定，商標權所有人對於侵害其商標專用權者，除得請求民事上之損害賠償外，並得向法院請求對其侵害之排除。刑事方面，根據商標法第六十二條的規定，行爲人將被處以三年以下有期徒刑、拘役或科或併科新台幣二十萬元以下之罰金。由於我國商標法對商標權所有人提供完善的保護，因此若是自己的註冊商標遭到他人搶先登記爲網域名稱，特別是如前述「網路蟑螂」之惡意行爲，援引商標法的規定保障自身權益將是最佳之救濟方式。以下幾點即爲商標權遭網域名稱侵害成立之要件：

（一）網域名稱必須具備商標之功能

網域名稱若要受到商標法之規範，必須要具備我國商標法所要求之商標功能。商標除了如前述可以表彰商品或服務之來源外，更具備下列各項功能：

1.使消費者能區別商品或服務，避免混淆。

2.使消費者能信賴該商標所代表之商品品質。

3.使消費者能因認同該商標而有購買之意願。

倘若某一特定網域名稱具備上述之商標功能，縱使其並未註冊登記為商標，卻依然有侵害到他人商標專用權的可能。

（二）網域名稱必須有「使用」他人商標專用權之事實

依商標法第六條之規定，所謂「使用」係指：「為行銷之目的，將商標用於商品或其包裝、容器、標帖、說明書、價目表或其他類似物件上，而持有、陳列或散布」。又商標廣告若出現於電視、廣播、新聞紙類或參加展覽會展示以促銷其商品，亦視同使用。又依同法第七十二條規定，服務標章之使用，係指「將標章用於營業上之物品、文書、宣傳或廣告，以促銷其服務」者而言。

由上述之相關商標法條文可以得知，無論是商標或服務標章，所謂的使用必須是以行銷爲目的；透過商標或服務標章之使用，藉以表彰自己商品之來源供消費者區別，避免消費者有混淆誤認之虞。換句話說，即使非商標所有人對某一商標有商標法上規定的「使用」情形，只要不造成消費者之混淆誤認，則此一使用並未侵害到商標權所有人的權益。

（三）網域名稱所促銷之商品與他人註冊商標所促銷之商品爲同一或類似者

倘若某一網域名稱與他人註冊之商標或服務標章相同，且其所促銷之商品或服務又與該註冊商標所促銷之商品相同或類似，由於此一行爲有意圖混淆消費者認知之嫌，商標權所有人對於此一侵害其商標專用權者，可以要求損害賠償並得請求排除其侵害。

網域名稱侵害商標權之成立與否，端視上述之三項要件是否成立。以下爲網域名稱與商標權發生衝突之個案分析：

◆案例一

某一網域名稱相同或近似他人之註冊商標，該網域名稱

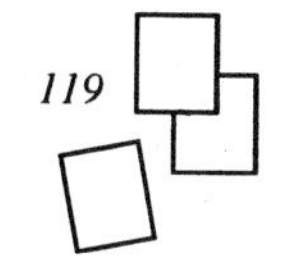

所代表之網站係以促銷商品爲目的，所促銷之商品與他人註冊商標所促銷之商品爲同一或類似者；此一網域名稱業已侵害到他人之商標專用權。日前哈佛大學（Harvard University）對網域名稱爲www.notharvard.com.之美國著名網上圖書暨學生用品公司，提出禁止其繼續使用該網域名稱之訴訟，其主張即爲Not Harvard之網域名稱業已造成消費者之混淆。

◆案例二

某一網域名稱相同或近似他人之註冊商標，該網域名稱所代表之網站並非以促銷商品爲目的，則此一網域名稱並未侵害到他人之商標專用權。例如前述之www.mini.com.tw網域名稱並未侵害到英國迷你車mini之商標權，因爲該網域名稱並非以促銷商品爲目的。

◆案例三

某一網域名稱相同或近似他人之註冊商標，該網域名稱所代表之網站係以促銷商品爲目的，惟其所促銷之商品與他人註冊商標所促銷之商品並非同一或類似者；此一網域尚未構成商標權之侵害。假設長榮書店搶先以www.eva.com.tw的網域名稱申請網站註冊並用以促銷書籍，由於此一網站所促銷之商品與註冊商標爲長榮航空（Eva Air）所促銷之商品並非類似，因此並無侵害商標權之情形。

(四) 公平交易法

除了商標法以外，我國現行之公平交易法，對於以他人之註冊商標登記爲自己網域名稱之「不公平競爭」行爲亦予以規範。依公平交易法第二十條規定，事業不得以相關事業或消費者普遍認知之他人姓名、商號或公司名稱、標章或其他表示他人營業、服務之表徵，爲相同或類似之使用，以至於與他人營業或服務之設施或活動混淆。特別值得一提的是此處所謂的營業或服務「表徵」係指包括商標、服務標章、商號或公司名稱等，故公平交易法之適用範圍遠較商標法爲廣。假設某一網域名稱與他人公司或商號相似，且二者促銷之商品相同或類似，以至於消費者產生混淆；即使他人公司或商號名稱未曾申請商標權註冊，因而不能以商標法加以規範，此一行爲仍然可以依照公平交易法第二十條之規定予以處理。

四、結語

電子商務時代的網際網路充滿無限商機，而代表各個不同網站之網域名稱更已成爲吸引消費者購買該網站商品／服務之重要工具。另一方面，網域名稱之功能已不僅是標示導引消費者進入某一特定網站而已，更具備了如同商標之識別、品質保證、廣告等多重功能；相對的，這些具有所謂「準商標」（quasi-trademark）地位之網域名稱亦因此成爲企業之寶貴智慧財產權，而受到商標法的規範。爲了保障自身之權益，避免類似公司商號或商品名稱的網域名稱成爲網路蟑螂覬覦炒作之目標，企業與網路管理機制必須採取以下各項作法：

（一）儘早將商標或企業之商號或商品名稱申請登記為網域名稱

爲了避免被其他有心人捷足先登，導致自身之智慧財產權與商譽受到侵害，企業應儘早將其所有之商標或商號商品名稱登記爲網域名稱。此外在申請登記總網域名稱之前，必須先查詢是否已經有人登記相同或類似之網域名稱。另一方

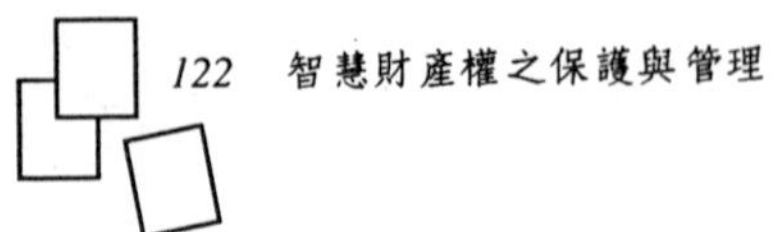

面，企業亦可考慮將那些符合商標登記要件的網域名稱申請登記為商標。

（二）網路管理機制應開放更多之第二層高階網域（SLD）予企業選擇

全球.com網址之註冊數量已超過二千萬個，在幾乎已無好的網址可供登記的情況下，必須新創更多網址字尾以供客戶選擇。因應之道為負責全球網域名稱管理之ICANN日前宣布將創造更多之高階網域，例如「travel」、「firm」、「shop」、「news」等供各個特定行業申請；另外我國負責網域名稱登記之TWNIC亦宣布將開放中文網域名稱供客戶申請登記。

總之，網域名稱為數位經濟時代企業之重要資產，必須妥為管理並善加利用方能發揮其最大之經濟效益！

第九章

科技基本法與智慧財產權

一、我國「科技基本法」對智慧財產權之影響

於民國八十八年一月公布實施的「科學技術基本法」（科技基本法），其中第六條第一項明文規定：「政府補助、委辦或出資之科學技術研究發展，……其所獲得之智慧財產權與成果，得將全部或一部歸屬於研究機構或企業所有或授權使用，不受國有財產法之限制。」此一劃時代之法案不但對於政府所資助的科技研發成果之所有權作出明確之規範；同時更以特別立法之方式，排除國有財產法之適用，不再侷限於傳統之「政府出資，故必須享有所有權」思維。行政院國科會爲落實法案之精神，遂依該法第六條第二項規定：「……智慧財產權與成果之歸屬與運用……，由行政院統籌規劃，並由各主管機關訂定相關法令施行之」，擬具「政府科學技術研究發展成果歸屬及運用辦法」（運用辦法），爲我國智慧財產權的歸屬與管理運用建立良好之機制。該「運用辦法」之內容可歸納爲下列各項要點：

（一）研發成果之所有權歸屬

由政府補助、委辦或出資進行科學技術研究所獲得之智慧財產權或成果，以歸屬研究機構或企業所有爲原則，歸屬國有爲例外。根據此一原則，除非資助機關於合約中明訂該研究產生之智慧財產權屬於國家所有，否則該智財權屬於負責執行研發之財團法人研發單位、大學院校或私人企業所有。

（二）資助機關對研發成果之權利

研發成果歸屬研發機構或私人企業時，資助機關享有無償、全球、非專屬及不可轉讓之實施權利；資助機關可要求研發機構將研發成果授權予第三人實施，或於必要時將研發成果收歸國有。此項規定之目的在於保障出資人（政府）本身使用研發成果暨必要時介入之權利，惟該項介入權利之行使方式必須明訂於契約書內。

（三）研發成果之授權

不論是資助機關、研發機構或私人企業，對其所取得之研發成果，均得讓與或授權第三人。辦理研發成果授權或讓與時，應以公平、公開、有償方式爲之，並以我國研發機構或企業爲對象，及在我國境內製造使用爲原則。此項規定在於確保研發成果能被廣泛利用，發揮最大之經濟效益；並以保障我國企業之權益，促進國內經濟之繁榮爲主要目的。

（四）研發成果之管理及運用

不論是資助機關、研發機構或私人企業，凡取得研發成果者，皆應負管理及運用之責。所謂的研發成果管理及運用，包括國內外智慧財產權之申請與維護、智財權之授權暨讓與、智財權之收益或信託等之相關行爲。本項規定在於確保經由政府資助所取得之研發成果能夠被有效的管理與維護。

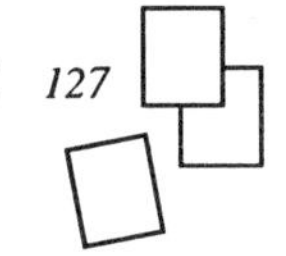

(五) 研發成果之收入所得

研發成果之收入所得，必須依下列方式予以分配運用：

1. 研發機構或私人企業運用研發成果所獲得之收入，除非另有約定，應回饋資助機關。
2. 研發成果之收入應將一定比率分配予創作人。
3. 研發機構或私人企業就其研發成果收入，於扣除付予資助機關及創作人之數額後，得自行保管運用。

透過此一所得分配機制，不論是出資人、創作人或是研發機構皆可以有足夠之誘因去從事相關的科技研究。

總而言之，經由此一「科技基本法」之實施，由政府所提供資源產生之智慧財產權，可以透過市場機能移轉給民間私人企業予以商業化，藉以追求最大之經濟效益。

二、他山之石：美國的「拜杜法案」

美國於一九八〇年前，大學與研發機構雖然接受聯邦政府之資助從事研發工作，惟其研發成果一般均以發表相關之學術論文爲主，尤其由於創作人與研發機構因接受政府資助而不能享有其研發成果之經濟效益，因而造成學術界之研發成果與實用功能之落差，由於大學之研發成果無法經由技術移轉給私人企業，故當時平均每年全美各大學所申請之專利權總共僅有二百五十件左右。

一九八〇年美國國會立法通過了所謂的「拜杜法案」(The Bayh-Dole Act)，對於聯邦政府資助所產生的研發成果之所有權歸屬作出明確劃分，此一法案確立了聯邦政府鼓勵技術移轉之政策性原則，並提供了足夠的誘因使得私人中小企業可以取得大學與研發機構之研發成果。「拜杜法案」之主要重點如下：

1.凡接受聯邦政府資助之大學、研發機構或私人企業，在一定範圍內可以選擇擁有研發成果之權利。
2.大學及研發機構可以與商業利益相結合，以便於使其研發成果具經濟效益與實用性。
3.大學及研發機構對其研發成果之授權，必須以中小企業爲優先考慮對象。
4.大學及研發機構對其研發成果，必須負起包括申請專利權等之管理責任。
5.聯邦政府對於其資助所獲得之研發成果，擁有非專屬

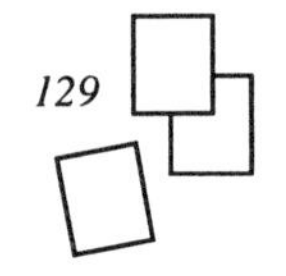

性、全球性之使用權。

6.聯邦政府對於研發成果保有介入權（march-in rights）。

自從一九八〇年「拜杜法案」播下技術移轉的種子之後，二十年來美國大學及研發機構大量的將其研發成果移轉給私人企業，使得學術研究與產業發展能夠結合，進而促使美國科技之進步與企業之創新。根據統計，由於政府的資助，使得美國各大學於一九九八年中總共獲得了一萬一千七百八十四件研發成果，並且取得了三千二百二十四件聯邦專利權之授予。同年中全美各大學總計有三千六百六十八件技術移轉給私人企業，透過技術移轉，全美共有三百八十五種新型產品與三百六十四家新創企業上市、成立。至於具體的經濟效益方面，一九九八年間全美各大學總共收取了美金七億二千五百萬元的技術移轉權利金；總計全國有三百三十五億美元的經濟產值與二十八萬個工作機會是拜大學技術移轉之賜。另一方面，由於大學技術移轉所創造出的龐大經濟產能，使得美國聯邦、州及各級地方政府總計獲得了超過美金三十億元的稅收。

從上述之數字可以瞭解到「拜杜法案」對於美國高科技發展及經濟成長所作出的貢獻。簡單地講，由於「拜杜法案」的授權，使得聯邦政府得以將其投資所獲得之國有財產，轉化為屬於私人所有的智慧財產權，進而經由智財權的實施而創造出符合產、官、學各方面最大經濟效益之結果。

三、「科技基本法」與大學研發成果之移轉

我國「科技基本法」施行之成功與否，端視各接受政府補助之大學及研發機構是否能夠徹底落實此一法令之精神，意即確保研發成果能被廣泛利用，進而發揮最大之經濟效益以厚植國本。實務上而言，各大學院校對其所擁有之研發成果，以專利技術授權移轉的方式授予私人企業使用為最常見之模式。我國現行之「科技基本法」暨相關運用辦法雖然對於研發成果之歸屬予以明確規定；惟接受政府資助之各大學及研發機構，為追求最大之經濟效益，對其研發成果之移轉必須考慮下列各項因素：

(一) 研發成果是否合乎經濟效益

根據「科技基本法」，各大學及研發機構對於其所擁有之研發成果必須負管理維護之責，例如專利權之申請等。由於此類維護費用之成本頗高，因此各研發機構對於其內部之

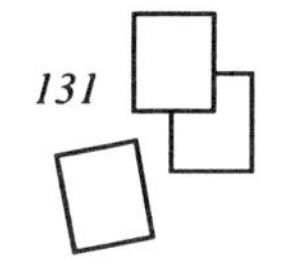

專利申請案必須嚴格把關，依據其潛在之經濟效益來決定是否予以申請專利。各研發機構必須考慮研發成果之市場需求、產品效能等因素作爲評估之依據。對於某些不具經濟效益之研發成果，各研發機構可以考慮將其以有償或無償之方式，將所有權轉讓給原發明人或其他私人企業。

(二)研發成果之智財權屬於大學所有

理論上大學及研發機構對於其所屬研究人員，包括教授、研究（學）生、研究員等之研發成果，只要其研發過程中有使用到大學及研發機構之設備資源，均可以聲稱所有權；更進一步而言，只要研發成果屬於上述人員之工作職掌或研究範圍，不論其是否使用到大學之設備資源，均屬於大學之智慧財產權。另一方面，由於「科技基本法」之精神在於鼓勵大學將其接受政府補助之研發成果移轉給私人企業，其最終目的在於使大學、私人企業乃至於參與研發之大學研究人員均能獲享最大之經濟效益，故此一精神於實務上而言對於大學人員參與校內之研究計畫提供了足夠之「誘導性報酬」（inducements）。

（三）研發成果之授權報酬

大學必須根據各個研發成果之特性、成熟階段等因素，來決定其授權之方式。例如某項兼具大眾化與實用性之研發成果，其技術移轉之方式將爲多重非專屬性（non-exclusive）之專利授權；相對的，倘若某項研發成果僅處於初期開發階段，大學考量到自身之有限資源，則可能以專屬性（exclusive）授權的方式爲宜。另一方面，由於被授權的一方往往爲剛成立之新公司（start-up company）；其有限之資金自然無法預先付給大學一筆巨額之授權金（licensing fee），此時大學必須同意於未來接受一定比例之該授權成果產品銷售金額作爲專利金（royalty），由於專利金無法爲大學帶來立即之收益，大學對於此類型之授權方式必須仔細評估。

（四）研發成果之收入該如何分配

根據國科會所頒布「運用辦法」之規定，大學接受政府資助所產生之研發成果，其收入除了回饋資助機關以外（非強制性），尚須分配予研發成果之創作人。各大學於制定收入分配比例時必須考慮其自身資源之投入（人事、設備、專利申請等費用）、收入總金額、支付時間、研究人員之誘因等因素。美國著名之史坦福大學，研發成果之創作人、其所屬之學院、系所均可各獲得三分之一的收入；以該校著名的生技專利授權「Cohen-Boyer Recombinant DNA」為例，單此一項目於一九九六年即獲得了美金五千一百萬元之專利金，而其中的三分之一收入便屬於創作人所有。如此巨額的經濟利益，促使了美國各大學校園充滿高度之企業家（entrepreneur）精神，而此一具競爭性之精神正也就是美國大學技術移轉成功之主要因素。

四、結語

智慧財產權不同於一般之有形資產，不會因使用而消耗使他人無法使用，智慧財產權一旦產生、存在，不同的人可以在不同的時間、地點分別使用。藉由「科技基本法」之實施，政府所資助產生之智慧財產權可以轉讓給合適的私人企業使用，充分發揮其應有之經濟效益；另一方面，各個接受政府資助的大學與研發機構可以擁有其研發成果之智慧財產權，而出資的政府機關則仍然保有無償使用該智慧財產權之權利。此種將政府資助所得研發成果之「所有權」與「使用權」分開之作法，將政府、大學與私人企業間之各種資源予以密切結合，如此大學可以從政府與民間獲得充分的資源從事科技研究，私人企業則因此而擁有強大之研究基礎，而政府除了可以獲得無償之專利授權使用之外，更可以經由「藏富於民」之方式自民間私人企業達到創造就業機會與增加國庫稅收之目的。綜上所述，「科技基本法」使得我國政府、大學及民間企業所擁有或使用之智慧財產權具有以下各項優勢（niches）：

1.智慧財產權透過私人企業之參與，將更符合市場的需求，充分發揮智財權之經濟效益；另一方面可以協助產業研發出核心技術（core technology），進而強化我國企業之競爭力及提升產業技術水準。
2.政府提供資源給各大學產生智慧財產權，此一財產之所有權雖不屬於政府，但政府卻擁有絕對的無償使用權；對於某些特定智財權，政府也可以選擇保留介入權。
3.智財權之所有權既然屬於大學所有，大學便必須負起管理的責任，相較於政府，各大學將可以更有效率的從事包括專利權之申請、授權與維護等事宜。
4.近年來政府爲減輕財政負擔，對各大學校之補助經費多所刪減，以致各大學必須自行籌措研發費用。透過技術授權的方式，各大學便可以用其所擁有之智財權換取充裕之民間資金從事研發。

我國企業98％爲中小型企業，其特質爲調整彈性與變化性大，加上其普遍缺乏資金與人才，因而對於上游及尖端科技之研發投入甚少。另一方面，我國各大學院校之研究經費97％均來自政府補助，而各大學更擁有充沛之高階研發人力。藉由「科技基本法」之實施，政府、大學與企業可以更有效的運用其資源、人力與技術，經由產官學合作之方式，充分使用及享有研發成果之智慧財產權，進而提升我國高科技產業之競爭力。

第三編

智慧財產權保護之國際化

第十章

智慧財產權之國際保護

一、前言

智慧財產權之相關法律，包括專利法、著作權法、商標法、營業秘密法等，其性質均屬各國之國內法，由各國之立法機關依據立法程序所制定，而其適用範圍僅及於該國之主權所及範圍。另一方面，由於智慧財產權之性質為無體之財產權，且本身具有極高之附加價值；又由於近年來國際貿易之往來日趨頻繁，以至於智慧財產權之標的物，隨著貿易活動之進行，時常成為被模仿或冒用之對象，進而導致各國之間的貿易障礙與摩擦。以至於實務上，智慧財產權之保護業已超出某一單獨國家之國內法範圍，而必須由世界各國共同建立對智慧財產權保護法之全球性標準，方能確保各國遵守保護智慧財產權的共同目標。

世界各國有鑑於智慧財產權對於經濟發展之重要性，以及由於各國智慧財產權法規之差異所導致之貿易及法律衝突日益增多，於是結合群體的力量，透過簽訂多邊國際公約的方式，針對各個不同之智慧財產權提供了超越國界的保護規則；近年來成立的WTO世界貿易組織，更是對智慧財產權之保護制定一世界性之規範標準。諸如此類的國際性智慧財

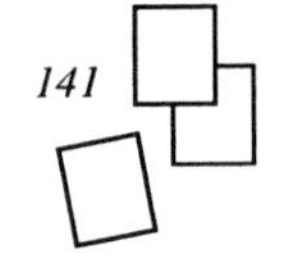

產權保護機制，不但減少了各國間因智慧財產權被侵害所造成的貿易摩擦，同時也建立了一套能廣為世界各國，包含已開發、開發中與低度開發國家，所均能接受的智慧財產權保護標準。

二、巴黎公約

巴黎公約（Paris Convention for the Protection of Industrial Properties）的全名為「保護工業財產權巴黎公約」；為一保護工業財產權方面最早簽訂、也具有最重要意義的一個國際公約。巴黎公約適用於所有廣義之工業財產權（industrial properties）；其所保護之標的不僅包括發明專利、商標、工業設計，而且還包括實用新型、廠商名稱、服務標章、產地標示，以及反不正當競爭等。

巴黎公約早於一八八三年即由數個歐洲國家所簽署，此後經過七次修改；加入公約的國家數早已過百，各會員國並時常透過多邊協商的方式，參與公約之運作。

（一）巴黎公約之基本原則

巴黎公約之基本原則，為協調各會員國加強對於工業財產權之保護，並提供一標準的工業財產權保護立法準則給各會員國參考。其主要內容如下：

◆國民待遇原則

巴黎公約之會員國在工業產權保護方面必須將它給予本國國民的保護同樣給予其他會員國之國民（含自然人及法人）；倘若非巴黎公約會員國之國民，在成員國內有住所或眞實之營業處所，則亦可享有同樣之國民待遇。例如A國之專利保護期為二十年，而B國僅為十五年，則A國對於向其申請專利權之B國國民亦必須給予二十年之期限。

◆優先權期限原則

會員國之國民在任何一個會員國提出工業產權申請後，倘若該申請人在一特定期限內在其他會員國提出同樣之申請，則其他會員國均必須承認追溯該申請在第一個國家之申請日為在該國之申請日，此一特定之申請期限即為優先權期限。專利發明和實用新型之優先權期限為十二個月，商標與工業品外觀設計則為六個月。

◆各會員國主權獨立原則

各會員國所授予之工業產權均是彼此各自獨立的；各會員國可以依據其本國法律之規定，在對工業產權之授予條件、期限等方面獨立行使其主權，而不受其他會員國之影響。

(二) 巴黎公約之主要內容

巴黎公約對於各種類型之工業產權保護，作出了基本的規定，各會員國必須根據此一規定，透過國內立法的方式予以實踐。以下即為某些工業產權之基本要求內容：

◆專利權

專利發明人有權利要求在專利證書上署名自己是發明人；各會員國不得以專利產品之銷售受到本國法律限制為理由，而拒絕該專利權之授予；任一會員國對於同一發明專利不得以其在別國被撤銷、終止或駁回為理由，而予以撤銷、終止或駁回。

◆商標權

倘若某一項商標在申請人之本國已獲註冊，則同一商標之註冊申請在其他會員國不能被拒絕；各會員國不得以商品之性質為理由，拒絕讓該商品所使用之商標註冊；各會員國均必須拒絕與會員國中之任何知名商標相同或類似標記之商標申請。

◆工業設計

各會員國對於工業品外觀設計必須加以保護，且此種保護不得以使用此種設計之產品未在該國製造為由而予以撤銷。

◆產地標記

各會員國必須立法禁止以任何虛假之商品產地標記、生產者或企業標記申請註冊。

◆不正當競爭

各會員國必須立法禁止包括竊取他人營業機密在內等之不正當競爭行為。

◆行政管理

各會員國必須設置專門的工業產權機構及一個提供有關專利、商標和工業品外觀設計之資訊給大眾知悉之中央機關。

三、伯恩公約

全名爲「保護文學藝術作品伯恩公約」（Berne Convention for the Protection of Literary and Artistic Works）的伯恩公約，爲世界上第一個規範著作權的國際性多邊公約，對著作權的內容與保護方式作出重要的規定。早於一八八六年便已簽訂的伯恩公約目前有超過一百個以上的會員國；現行的公約內容則是於一九七一年所修訂過的版本。

（一）伯恩公約之基本原則

◆國民待遇原則

公約會員國必須依照本國著作權法或依照公約最低保護

要求，對其他會員國國民之作品提供保護，對於非公約會員國國民，只要其在某會員國有固定居所，也可享受同樣之保護。非公約會員國國民之作品只要首先在任何一會員國出版，則也必須在所有會員國受到保護。

◆自動保護原則

會員國國民及在某會員國有固定居所的人，一旦其作品創作完成，即自動受到全體會員國之保護；非會員國國民且在會員國無固定居所者，只要其作品首先在任一會員國出版，即自動受到各會員國之保護。

◆最低保護原則

各會員國必須在公約所規定之最低保護水準限度內對其他會員國國民之作品提供保護，而不可低於公約所規定之最低標準。倘若某一會員國之某項保護標準低於公約之最低標準，此一標準僅可適用於其本國國民，而不適用於其他會員國國民。例如公約中規定電腦程式可受著作權法保護，倘若某會員國規定電腦程式不在其本國著作權法保護之內，則對其他會員國國民之電腦程式作品，該國仍然必須提供著作權法之保護。

◆各會員國主權獨立原則

各會員國依照其本國之著作權法對其所管轄之作品提供保護，不受其他國家對該作品保護情形之影響，蓋因公約之目的僅在於協調各會員國於行使著作保護權時之一致性。

(二) 伯恩公約之主要內容

◆保護之範圍

包括文學、科學、藝術領域內之一切作品，不論其表現形式或方法爲何，只要該作品是附著在某種固定物體上即可受到保護。

◆保護之權利

包括著作人格權及著作財產權均受到公約之保護。其中著作人格權部分僅含姓名表示權及保持作品完整權二項，著作人之公開發表權並未包含在內。著作財產權部分則包括重製權、公開口述權、公開播送權、公開上映權、公開演出權、改作權及編輯權等。

◆保護之期限

公約規定對一般文學藝術作品，其保護期爲作者有生之年及其死後五十年；對於電影作品爲其公映後五十年；攝影作品和應用性美術作品則不能少於二十五年。

四、馬德里協定

由於巴黎公約中並沒有涉及到商標之國際註冊問題，爲了簡化同一商標在不同國家申請註冊的程序，以法國爲主之許多歐洲國家，於一八九一年簽訂了「國際商標註冊馬德里協定」（Madrid Agreement Concerning the International Registration of Marks）（簡稱馬德里協定）。本身被視爲巴黎公約之補充條約的馬德里協定，爲商標的國際註冊提供一便利簡化的規定。馬德里協定之主要內容如下：

（一）商標國際註冊之申請程序

任何本協定之會員國國民，或在會員國境內有居所的自然人或設有營業處所的法人，均可以申請商標的國際註冊。

實務上，會員國國民在其本國註冊商標後，便可以向該協定之國際局（International Bureau）申請國際註冊，並指定若干個會員國作爲該國際註冊商標受到保護的國家；被指定要求給予保護之國家必須在一年之內作出是否給予保護之決定，逾期不向國際局提出駁回註冊聲明者，則視同該商標已在該會員國註冊。

（二）商標國際註冊之有效期限

不論各會員國之國內法對於註冊商標之保護期限爲多久，經協定國際局註冊之商標，其有效期限爲二十年，期滿後可以請求展延，展延期每次爲二十年。

（三）商標國際註冊與國內法之關係

倘若商標所有人自獲得國際註冊日起五年內，該商標於其所屬之國家已全部或部分的失去法律所給予之保護，則該商標因國際註冊所受到之法律保護亦將全部或部分失效。

五、世界智慧財產權組織

爲了能夠落實智慧財產權國際保護的目標，包括巴黎公約、伯恩公約及馬德里協定在內的各個國際公約組織，原先均各自設有所謂的「國際局」（International Bureau）來管理暨執行該公約之相關業務。由於各個公約組織所保護之標的物均屬於智慧財產權之範圍，爲了能夠加強國際間之合作並且提升行政效率，遂於一九七〇年正式將各公約組織之國際局予以合併爲世界智慧財產權組織（World Intellectual Property Organization, WIPO），總部設於瑞士日內瓦，並成爲聯合國（Union Nations）所屬之一個專門機構，現有會員超過一百四十餘國。WIPO 下設之國際局爲一常設之辦事機構，負責有關智慧財產權國際保護之執行工作。

（一）WIPO 之保護對象

根據WIPO 公約之規定，智慧財產權之範圍包括：文學、藝術及科學作品；表演者之演出、錄音及廣播；各種發明；科學發現；工業外觀設計；商標、服務標章、企業名稱；不正當競爭之防止；在工業、科學、文學及藝術領域之智慧財產權。具體而言，受到WIPO保護的智慧財產權涵蓋專利權、著作權、商標權、營業秘密及不公平競爭等項目。

特別值得一提的是雖然WIPO將科學發現包含在於其所保護的智慧財產權範圍內，惟實務上，由於一般之科學發現尚未申請專利權，並不具有排他性、地域及時間限制性等專利權之特徵，因而科學發現倘若欲被視為智財權保護之對象，其唯一的機會是成為營業秘密，但首先其必須符合營業秘密的成立要件，例如具經濟價值、採取合理保密措施等；不具備營業秘密要件的科學發現是不能被當成智慧財產權而予以保護的。

（二）WIPO之職責

WIPO之主要目標在於透過國際間之合作，促進全世界對於智慧財產權的保護。為了達成此一目標，WIPO行使下列各項職權：

◆國際工業產權註冊

WIPO國際局根據巴黎公約及馬德里協定等國際公約所賦予之權利，負責接受專利、商標等工業產權之國際註冊申

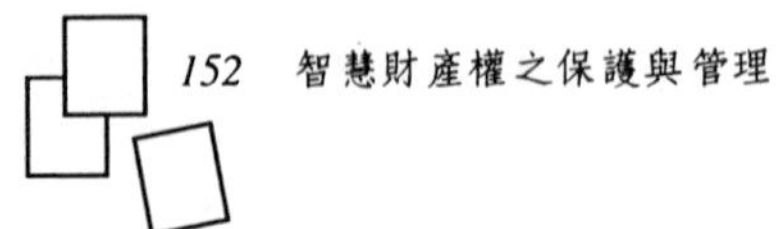

請，為簡化工業產權之國際保護程序提供服務。

◆促進會員國間智財權管理之合作

WIPO編輯各種有關智財權之統計資料及專利文獻檢索；進行對各國工業產權及著作權之法律保護調查研究，這些資料與研究均可以提供給各會員國作為其彼此間協商合作的依據。

◆國際智財權公約立法

WIPO為了因應世界局勢之變化，必須主動提供會員國有關修正各智財權國際公約之草案，藉以推動立法。另外WIPO亦必須遊說更多國家接受現行的巴黎公約、伯恩公約等國際公約，以增加會員國的方式來擴大國際間對於保護智財權之參與。

六、專利合作條約

專利合作條約（Patent Cooperation Treaty, PCT）是巴黎公約下面的一個專門協定，其目的在於促進各國間有關專利申請之合作。由於專利法為各國之國內法，因此專利申請人若想要使其發明在數個國家獲得專利保護，他必須向這些國家分別提出申請，然後由各個國家依據其專利法之規定，對該專利申請進行審核。爲了能夠簡化此一多國專利權之申請程序，世界各主要專利權申請國於一九七〇年簽訂PCT，並成立了國際專利合作聯盟（PCT Union），接受國際專利申請；PCT目前擁有超過一百個以上的會員國。PCT的基本內容包括下列各項：

（一）多國專利申請

專利申請人若希望就同一發明在多個國家申請專利，可以向PCT之指定受理單位，包括WIPO國際局、各會員國之專利局等，提出一份國際申請文件。申請人於文件中必須指定哪些國家其要求取得專利保護，被指定的國家必須是PCT會員國。國際專利申請人本身必須是PCT會員國國民或在某會員國有固定居所。

（二）國際專利檢索暨審查

PCT指定包括美國、日本、俄國、中國等國之專利局作爲國際專利之檢索單位，藉以確定該發明申請是否具有新穎性之專利要件。另外PCT亦規定申請人可向前述之指定各專利局提出專利審查要求，檢驗該發明之新穎性、實用性及非顯而易知性等要件。各審查單位必須將其審查結果提供給申請人所指定之受理單位。

（三）各指定國家之審核並授予專利權

不論檢索暨審查結果爲何，各指定國家之專利局具有是否授予申請人該國專利權之最後決定。各指定國家之專利局可以參考各專利申請之國際檢索暨審核報告內容，惟其仍然須依據其本國之專利法對該申請案進行審查以便作出最後決定。

PCT的最大優點在於，使得一項發明向數個會員國提出專利申請時可簡化爲單一申請程序，減少了專利申請人的重複手續與費用；另一方面，各會員國的專利局可以參考國際檢索暨審核報告之內容來作爲自身審核之依據，如此亦減輕了各國專利局之工作量。

七、世界貿易組織（WTO）之「與貿易有關之智慧財產權協定」（TRIPS）

自一九八〇年代以來，智慧財產權作爲貿易之標的物日益增多，衍生而出的仿冒及侵害智慧財產權之問題愈趨嚴重，甚至導致各國間之貿易摩擦。世界各主要工業化國家爲了其自身之經濟考量，無不主張國際間對於智財權之保護，必須制定一套能爲各國所能接受之標準。基於此一考量，包括美國、歐盟及日本在內的一百二十四個國家於一九九四年簽署了「與貿易有關之智慧財產權協定」（The Agreement on Trade-Related Aspects of Intellectual Property Rights, TRIPS），並於一九九六年一月一日起正式生效，成爲現今國際上保護與貿易有關之智財權種類最完整之多邊協定。TRIPS 所保護的智慧財產權包括專利（發明及新型專利）、著作權及其鄰接權（neighboring rights）、商標、工業設計（新式樣專利）、產地標示、營業秘密及積體電路佈局等。TRIPS 主要可分爲三大部分：

（一）訂定智財權之最低保護標準

TRIPS中對於各種智財權之最低保護標準及保護期限等均予以明確規範。TRIPS除了援用現行之巴黎公約及伯恩公約等之保護標準之外，本身亦針對現行公約所未觸及之部分（例如營業秘密）加以補充規範，以下爲TRIPS之各項智財權重點摘要：

◆專利（發明及新型）

凡各類發明或方法如具備新穎性、實用性及非顯而易知性者均應授予專利，各會員國對該專利所製成之產品，不論係本國製造或進口者，均應給予同樣保護；基於公共政策之考量，對人類或動物之診斷、治療及手術方法，及除微生物外之動物新品種及製造方法均不得授予專利；各會員國所授予專利權之期間不得少於自申請日起算二十年。

◆著作權

TRIPS對於著作權之保護仍然以伯恩公約爲基礎，惟伯恩公約中有關著作人格權的規定，TRIPS則授權給各會員國自行決定是否給予保護；各會員國對於電腦軟體程式應將其視爲文學著作給予保護，未經著作權人同意，電腦軟體程式著作及電影視聽著作不得出租；除攝影及應用美術著作外，著作權之保護期間不得少於著作權人之在世期間加五十年。

◆商標

任何標記或聯合式樣，只要能夠表彰商品或服務之來源並與其他企業相區隔，便符合商標之成立要件；倘若某一商標已經成爲著名標章，則各會員國必須予以保護，拒絕他人以其他不同類商品申請註冊；商標專用權期間及每次得延展之期間至少爲七年。

◆工業設計（新式樣專利）

工業設計必須具新穎性及非顯而易知性；有關紡織品之式樣設計，各會員國得以著作權法予以保護；新式樣專利之期間至少十年。

◆產地標示

倘若經由產地之標示得以確知其所表彰之產品係來自會員國之境內或其境內之某一地區，且該特定國家或地區具有表彰公認之產品品質或特性（例如Washington Apples, Swiss Cheese等），則各會員國須立法禁止對產地作不實之標示，

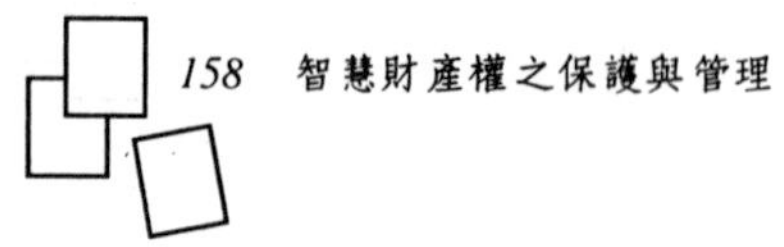

以免誤導消費者。

◆營業秘密

為防止不公平之競爭，各會員國須立法保護自然人及法人之營業秘密；營業秘密之成立要件為：(1)僅特定人所能得知者；(2)因其機密性而具有經濟價值；(3)所有人已採取適當之防護措施。

（二）智慧財產權保護之執行

◆基本原則

各會員國必須於其國內法中制定有關TRIPS所規定之執行程序，藉以阻止對智財權之不當侵害；所有之執行程序必須公平且不應造成對於國際間貿易之障礙。

◆民事及行政救濟程序

所有的保護智財權民事程序必須公正，但司法單位於審訊中仍須保護智財權的機密性；法院有權採取禁制令之方式命令被告停止侵害智財權的行為；法院有權要求被告給付損害賠償，並將仿冒品予以沒收銷毀。

◆邊境措施

智財權之所有人倘若懷疑進口貨物有仿冒之嫌時，可以向主管機關申請停止核發該貨物之進口通關許可。

◆刑事程序

各會員國必須立法規定故意侵害他人商標及著作權以為營利目的者應負刑事責任，藉以遏阻蓄意之侵害智財權行為。

（三）爭端解決

各會員國不得未經爭端解決程序而自行對其他會員國採取任何貿易報復等制裁行為；TRIPS之爭端解決程序，仍適用WTO之基本原則。

第十一章

美國特別三〇一條款與智慧財產權保護

一、立法背景

美國自一九八〇年代以來，由於貿易赤字一直居高不下，造成高失業率及通貨膨脹等社會經濟問題；其中造成貿易赤字的一項原因在於美國的產業結構。原來美國產業已經進入所謂的第三級高科技產業階段，依賴其強大的科技基礎來生產高科技產品。高研發經費、研發時間長以及產品生命週期短促爲高科技產業的特徵；上述特徵加上國際貿易的日益頻繁與仿冒技術的進步，使得美國產業極易受到仿冒行爲的傷害。根據美國國際貿易委員會（International Trade Commission, ITC）於一九八六年所作的統計，美國經濟一年因爲外國仿冒者所造成的損失爲美金二百億元。爲了提升美國的競爭力以減低貿易逆差，自一九八〇年代中期以來，美國日益重視其貿易夥伴對於智慧財產權的保護；並不斷地以自身強大的經貿實力作後盾，將貿易政策與智財權二項議題結合爲一體，藉以迫使貿易對手國改善其本身之智財權保護環境，以利美國產業之出口。

二、三〇一條款之沿革

所謂「三〇一條款」，指的是美國國會所制定的一九七四年貿易法（Trade Act of 1974）第三篇第一章第三〇一條。根據該條款，假使外國政府採取不正當（unjustifiable）、不合理（unreasonable）、歧視性（discriminatory）之貿易政策、法律、措施，以至於美國的商業受到限制；此時美國總統有權採取適當的反應措施。倘若經過調查證明上述情形屬實，則總統可以暫停或終止美國對該國依照貿易協定所給予之關稅優惠，或對該國進口貨物課以額外關稅及其他進口限制。

美國國會於一九八八年通過了綜合貿易及競爭力法（The Omnibus Trade and Competitiveness Act of 1988），對三〇一條款作出了重大修正。將原先屬於總統之職權移交給美國貿易談判代表（U.S. Trade Representative, USTR）行使。另一方面則正式將智慧財產權保護納入三〇一條款的範圍之內。USTR具有內閣閣員之位階，惟其職銜之稱謂爲大使（Ambassador）而非部長（Secretary）。

根據三〇一條款的規定，任何自認爲具有利害關係的私人，包括製造商、進出口商、工（公）會等，均可向USTR

提出三〇一救濟申請（petition）。USTR經過一定程序的調查之後，將決定是否對外國之不公平貿易行爲採取報復行動。惟USTR於採取報復行爲之前，必須對當事國提出諮商之請求，其目的在於希望能以達成協議的方式來避免貿易報復。

三、特別三〇一條款

一九八八年綜合貿易及競爭力法對三〇一條款加以修正擴充，明文規定USTR對於那些對智慧財產權保護不周的外國貿易夥伴，必須於六個月內以諮商的方式來解決彼此間的歧見，否則USTR必須依三〇一條款予以報復；此即所謂的特別三〇一條款（Special 301）。本條款之所以被稱爲「特別」三〇一而有別於一般三〇一條款，主要原因在相對於一般三〇一條款之目的爲促進自由貿易，智慧財產權保護則是限制外國對美國智財權之自由使用。美國國會認爲智慧財產權的保護對美國國際競爭力十分重要，必須給予適當有效的保護；將智財權保護與貿易政策相結合，將可以有效的迫使美國的貿易夥伴加強它們對美國智財權的保護。

根據特別三〇一條款的規定，USTR必須將下列二種國家之名單向美國國會提出：(1)拒絕對智慧財產權提供適當及

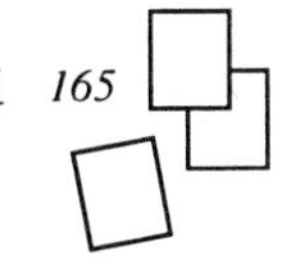

有效保護（adequate and effective protection）的國家；(2)拒絕讓依賴智慧財產權之美國人公平進入其市場的國家。USTR將上述國家名單置於其對國會的年度報告——「國家貿易評估」（National Trade Estimate, NTE）之中。NTE之內容包括對美國貿易有不利影響的外國貿易行爲、政策與措施；最重要的是，NTE中必須明確指認列舉出何者爲所謂的「優先國家」（priority foreign countries），以作爲美國實施貿易報復的依據。

被指認爲優先國家的外國貿易夥伴，必須符合下列三種情形：(1)具有非常明顯（most onerous or egregious）的行爲、政策或措施來拒絕對智慧財產權提供適當及有效保護，或拒絕讓依賴智慧財產權之美國人公平進入其市場；且(2)上述之行爲、政策或措施對美國產品造成（或有可能造成）最重大的不利影響；又(3)該國並未與美國進行具誠意（good faith）的談判，或未在雙（多）邊談判中作出重大進展，藉以對智慧財產權提出適當及有效的保護。

在對所謂的優先國家作出認定後，除非USTR認爲調查該優先國家將損害美國之利益，USTR在三十日內必須主動展開調查。USTR依法必須在六個月內對該優先國家的貿易行爲、政策與措施完成調查，並對於是否應對其施予貿易報復暨報復方式作出決定。一旦USTR決定將對該優先國家採

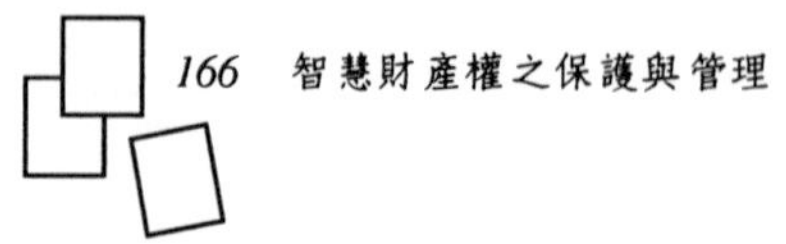

取報復行爲，則必須在三十日內予以實施。

四、特別三〇一條款之特色

美國國會當初制定特別三〇一條款之主要目的，在於希望能透過立法部門的充分授權與監督，行政部門（USTR）能夠憑藉著美國強大的經貿實力與外國政府進行諮商談判，進而迫使外國政府將那些對美國智慧財產權不利的措施或政策加以檢討改進。至於所謂的貿易報復行爲，只是美國用來引導外國政府走上談判桌的策略，而非三〇一條款的立法目的。惟因特別三〇一條款所授權的報復方式威力強大，因而各國均不敢掉以輕心，以免被USTR歸類爲優先國家而遭到貿易報復。以下針對特別三〇一條款的幾項特別之處加以討論：

（一）強制報復

USTR一旦完成對所謂「優先國家」的調查程序，若其調查報告中顯示該優先國家從事不公平之貿易行爲，對於智慧財產權之保護措施嚴重損害到美國的利益，根據此項結果，依法USTR必須將對該優先國家採取強制性報復行動。USTR的報復權限包括優惠關稅之取消、課徵高額關稅以及限制進口等方式。惟值得注意的是USTR的強制報復僅限於下列二種情形：外國之貿易行爲：(1)違反了貿易協定所賦予美國的權利；或(2)不正當的（unjustifiable）限制了美國的商業機會。此一強制報復的設計，使得USTR在與外國對手談判時具有更多的籌碼，並且可以在不受其他行政部門（總統、國務院等）干預的情況下行使其職權。

（二）限期結案

USTR在向國會提出「優先國家」名單之後，若無其他理由，依法必須在三十日內對其展開調查。USTR於調查開始之六個月內必須決定是否應採取報復以及報復之方式；一旦決定採取報復行爲，則必須於三十日內實施。此一限期結案的規定，同樣的使USTR能夠更有效率地與外國對手進行談判，期望能以協商的方式來避免貿易戰爭。

（三）私人可提出

三〇一調查程序除了由USTR主動展開以外，任何相關的私人企業或公（工）會團體皆可以向USTR提出救濟申請。此一設計之主要目的，在使USTR更夠從產業界獲得更多的外國不公平貿易資訊。例如我國的電子業者便時常被美國的相關產業公會指控侵害其智財權，USTR便可以根據此種指控將我國置於其年度報告（NTE）中並進行三〇一調查。

（四）超級三〇一程序

美國國會於一九八八年通過的綜合貿易及競爭力法，其中賦予USTR一項新任務，此即所謂「優先國家」的認定。USTR向國會所提出的NTE年度報告中，必須對貿易障礙優先國加以指認。USTR於報告提出後二十一日內必須展開調查，並應與優先國家進行談判，目標是希望能於三年內促使該優先國家消除不公平貿易之措施。若是無法達成協議，則USTR必須對該優先國家採取報復措施。此一提出報告——調查諮商——貿易報復之程序即是所謂的超級三〇一（Super 301）程序。由於法律給予USTR極大的行政權力且其報復之威力強大，故特稱之爲「超級」三〇一程序。

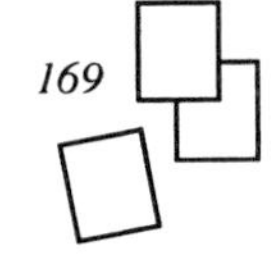

（五）觀察名單之公布

依法USTR每年必須向國會提交所謂的「優先國家」名單。這些榜上有名的優先國家將必須與USTR進行諮商以避免貿易報復。一般而言，構成優先國家的門檻頗高；構成的要件有：明顯的不公平行爲、對美國造成重大損失及未具備與美國進行談判的誠意等。由於合乎此一標準的國家不多，因此USTR的NTE年度報告中有時優先國家名單部分從缺。對於那些僅符合部分「優先國家」要件的國家，USTR另外製作公布一分觀察名單。此一觀察名單依各個國家對美國貿易障礙的輕重區分爲二部分：(1)「優先觀察名單」（priority watch list）；以及(2)「觀察名單」（watch list）。列名於觀察名單上的國家，雖然並不會遭到美國的貿易報復；但若是長時期名列榜上，則有可能會被USTR以無誠意改善現況爲名「升級」至優先國家名單。基於上述考量，美國的幾個主要貿易夥伴都十分在意是否每年榜上有名。一旦不幸被USTR列入了觀察名單，也無不盡一切可能地改善現況，以期明年不再上榜。台灣自從一九八九年特別三〇一實施以來，曾於一九九二年被指認爲「優先國家」並曾多次名列觀察名單之上。中國與印度則由於對智財權之保護不周，而被多次列爲

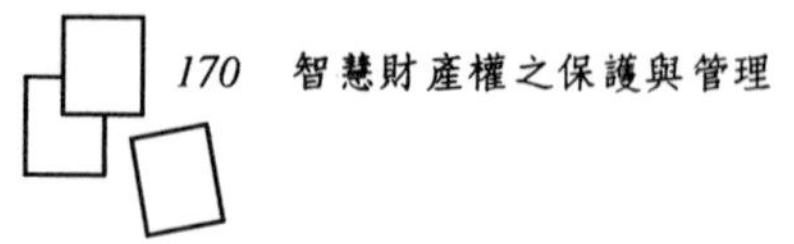

特別三〇一之「優先國家」。

五、結語

許多反對美國使用特別三〇一條款的國家認為，美國不應該一廂情願地逕自將智財權保護與貿易措施相結合，更不應該以特別三〇一作為干涉外國內政及法律之工具。美國對上述反對意見的解釋則是認為：透過特別三〇一的機制，美國有機會打開與外國政府談判的大門，雙方應以談判的方式來解決彼此間有關智財權的歧見，而貿易報復只是備而不用的不得已手段。事實證明，經由特別三〇一條款的實施，美國自一九八九年以來成功地促使了外國政府加強對智財權的保護及本國市場之開放。所謂的「優先國家」名單，成為美國用以引導外國政府前往談判桌進行諮商的最佳利器。著名的例子如中國、印度、泰國及台灣，皆是由於曾經名列優先國家之榜，才促使其與美國進行談判諮商進而加強其對智財權的保護。

另一方面，由於特別三〇一條款的實施，間接使得許多美國貿易夥伴之國內經濟發展獲得裨益。以台灣為例，在特別三〇一條款的壓力之下，專利法與著作權法自一九八六年

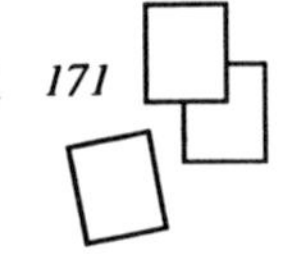

以來分別被修正。目前的專利法，擴大保護範圍及於化學及醫藥產品；新的著作權法也放寬範圍將電腦軟體包含在內。一九九一年台灣制定了「公平交易法」，用以打擊不實廣告及仿冒僞造等侵害智財權之行爲。爲了整合資源並統一事權，台灣於一九九九年成立了經濟部智慧財產局，正式將智財權管理（含專利權、商標權、著作權、營業秘密等）及查禁仿冒等相關業務交予該局執行。

上述所舉列的台灣諸多改革作爲，表面上是爲了因應美國特別三〇一條款的挑戰，其實受益者是台灣本身。例如由於專利法、著作權法的修正，促使國內高科技產業的升級。再者由於國內對智財權的保護使得許多進口商品價格降低（外國廠商智財權維護成本降低所致），間接使得消費者受惠。持平而論，以上種種皆是間接拜美國特別三〇一條款之賜。

近年來國內高科技產業對於智財權日益重視，智財權的申請也更加的國際化，除了申請台灣本地專利以外，許多企業更同時申請許多其他國家（以美國爲主）的專利。根據統計，一九九六年我國申請人向美國提出申請之專利案件共達四千七百餘件，以國別而言，高居所有由外國人提出申請案的第六位。此一現象說明了美國特別三〇一條款對於台灣的跨國高科技產業之重要性。例如：台灣某生技製藥公司在美國成立子公司並申請產品專利，印度由於對生技產品之專利保護不周以至於仿冒盛行，某公司之產品因而被印度公司抄襲仿冒，此時某公司之美國子公司可以向USTR投訴反映，要求USTR依法行使特別三〇一所賦予之職權與印度政府談判，要求印度政府改善其對智財權之保護，如此間接的經由特別三〇一程序，使台灣某生技製藥公司獲得了美國政府的行政救濟。

雖然特別三〇一條款對我國之經濟成長有裨益，但是由於其貿易報復威力強大，對台灣而言，如何妥善處理來自美國的特別三〇一挑戰，實爲我國政府及民間所不容忽視的課題。下列幾項策略可以作爲我國對特別三〇一之因應措施：

◆政府加強對智慧財產權之保護

政府行政及立法部門應持續推動智慧財產之保護，除了制定相關法令之外，行政部門亦應積極配合執行；另外更應該經由各種方式進行教育宣導，使國人尊重智財權並瞭解其重要性。如此不但可以降低我國名列「優先國家」的機會，同時對我國的國際形象也大有助益。

◆民間產業界本身進行調適

爲了避免我國高科技產業動輒遭到美國特別三〇一條款

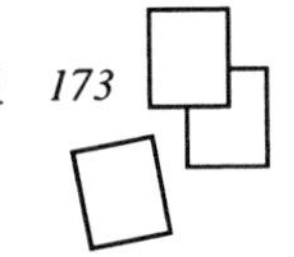

之威脅，國內高科技產業應加強對智財權的管理，提升本身之研發技術，棄絕仿冒抄襲等「搭便車」之行徑。另外高科技產業亦可以考慮到美國設立據點並申請專利，藉以反守為攻，利用美國特別三〇一條款來保護台灣產業的利益。當然產業也可以釜底抽薪地選擇分散市場一途，積極開發美國以外地區的市場，如此可將特別三〇一貿易報復的衝擊減至最低。

◆積極申請加入國際貿易組織

一般之國際貿易組織如WTO等均設有貿易仲裁機制，以處理會員國間之貿易糾紛，並防止會員國片面採取報復行動。我國目前已正式加入WTO會員國，此一會員國的身分將可以使我國在面臨美國特別三〇一挑戰時，得到WTO所提供之公平仲裁機會。

近年來美國使用特別三〇一條款的頻率大為增加，將貿易政策與智財權保護掛鉤已經成為美國政府的既定政策。如何加強對智財權的保護，並能充分瞭解特別三〇一條款以期能「以子之矛，攻子之盾」，有賴我國政府及民間一致共同努力。

第十二章

美國三三七條款與智慧財產權保護

一、前言

智慧財產權屬於無形資產之一種，包括專利權、商標權、著作權與積體電路佈局設計等。由於智慧財產權之附加價值高且具高度之流動性，近年來已經成為國際貿易活動中重要之一部分；世界各國莫不竭盡所能地加強對智財權之保護與重視。以全球而言，對於智財權之保護，已有「世界智慧財產權組織」(WIPO) 成立於一九七〇年。晚近之烏拉圭談判回合更決議在世界貿易組織（The World Trade Organization, WTO）之架構下獨立設置一個「智慧財產權事務委員會」，以專門處理與智財權相關之國際貿易事宜。凡此種種顯示出世界各國均體認出對其本國智財權之保護與其國家之貿易利益是密不可分的。

美國是全世界主張保護智慧財產權最積極的國家，其原因在於美國之高科技產業發達且產能甚高。而高科技產品之特色在於研發費用高、研發時間較長、產品生命週期短。另外，由於仿冒技術之精進與國際間頻繁之往來，使得美國產業成為仿冒者之主要目標。根據統計，於一九八六年一年中，美國經濟由於世界其他國家對美國之智財權保護不足所

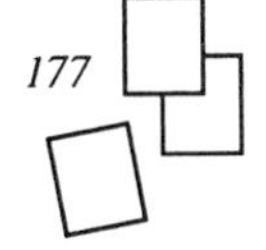

造成之損失高達美金六百億元。

美國國會爲了保護美國本身之經濟利益與貿易優勢，在過去的一、二十年來不斷地制定與修改相關貿易法規。其中一項對美國智慧財產權之保護有著極大貢獻的便是一九三〇年關稅法三三七條款（Section 337 of the Tariff Act of 1930）。簡單地講，外國商品輸美若在進口或銷售上有侵害美國產業之智財權並威脅到美國產業之利益時，受害之美國廠商可向美國國際貿易委員會（ITC）提出控訴，若經ITC查證屬實，則被控之商品將被禁止進入美國藉以保護美國產業。

三三七條款之主要功能如下：首先，經由三三七條款之實施，美國可以將那些侵害到美國產業智財權之產品拒絕於海關之外。換言之，三三七條款對美國產業之智慧財產權提供了最佳的邊境保護措施。其次，三三七條款替美國產業提供了與其國外對手競爭或談判之最佳武器與籌碼，尤其近年來由於美國貿易保護主義盛行，造成許多美國廠商藉三三七條款來達到其打擊干擾其國外競爭對手之目的。例如美國半導體產業便利用三三七條款對我國產業造成不小之影響。

二、三三七條款之沿革

美國國會於一九三〇年通過之一九三〇年關稅法（Tariff Act of 1930），其中的三三七條款授權美國關稅委員會對於任何外國輸美產品所造成對美國產業智財權損害進行調查，一旦調查屬實則可以建議總統對被控產品頒布禁止進口之命令。

美國國會於一九七四年制定了一九七四年貿易法，此項法案對於三三七條款作出了重大修正。首先，三三七條款之調查程序改由美國國際貿易委員會（ITC）負責執行。一九七四年貿易法同時也賦予了ITC準司法權及簽發相關禁止命令之權限。本法案並規定ITC於一定的時限之內必須完成調查及作出決定。ITC本身是一個獨立的聯邦機構，ITC的六位國際貿易委員均是由總統提名經參議院審核認可後任命的。

一九七九年貿易協定法（Trade Agreement Act of 1979）更進一步地讓ITC可以對違反其禁止命令者課以最高每日十萬美元或進口貨品美國國內價值二倍之民事處罰。

美國國會有鑑於原有之三三七條款之成立要件門檻過

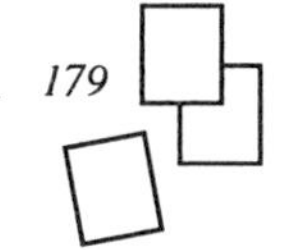

高，以致對美國國內產業之保護無法落實，國會遂於一九八八年之綜合貿易及競爭力法中對三三七條款之要件予以大幅度之修正放寬。此項修正使得三三七條款之控訴人資格較從前大爲放寬，進而也造成了三三七條款廣泛被美國產業所使用。

三、三三七條款之成立要件

根據三三七條款之規定，三三七條款案件之成立必須由控訴人證明下列三項要件：

1. 必須有不公平之競爭或不公平之行爲，如專利、商標、著作權、積體電路佈局設計、營業秘密之侵害或獨占市場之情形。
2. 上述不公平競爭之貨品有下列任何一種情形：(1)進口到美國；(2)爲進口到美國而銷售；(3)進口到美國後再銷售。
3. 上述進口之不公平競爭貨品所屬之產業（例如半導體）存在於美國境內（the existence of a domestic industry），此即所謂「國內產業存在」之要件。

一般而言，有關智財權侵害之三三七條款案件控訴人並不需要提出其受到損害之證明，但是其他類型之三三七條款案件如侵害營業秘密（trade secret）、獨占行爲等情形，控訴人仍必須提出其遭受到損害之證據。

四、三三七條款之適用範圍

美國國會於一九八八年修正三三七條款之主要目的就是希望以三三七條款來對付那些侵害到美國產業智財權的外國廠商。因此整體而言，三三七條款之不公平競爭案件絕大部分均與智財權之侵害有關。除此之外，例如貿易上之侵權行爲（tort of trade）、貿易獨占行爲（trade monopoly）、擅用營業秘密（misappropriation of trade secret）等亦被ITC定位爲三三七條款案件所謂之不公平競爭行爲。總言之，三三七條款之適用範圍非常之廣泛且不僅限於下列之情形：

（一）專利權侵害（patent infringement）

外國進口商品侵害到美國產業之專利權。所謂的專利權包括了產品專利、方法專利與設計專利（product, process and design patent）。

（二）商標權侵害（trade mark infringement）

外國進口商品侵害到美國產業之商標權。惟須注意所謂的商標權包括依法註冊的商標（registered trademark）與未依法註冊但因久經使用故具商標效力之準商標（common law trade mark）二種。

（三）著作權侵害（copyright infringement）

外國進口商品侵害到美國著作權所有人之權利。

（四）擅用營業秘密（misappropriation of trade secret）

營業秘密所涵蓋之範圍極為廣泛，舉凡公司內部之研發結果、財務報表、客戶名單、電腦程式等資料不論係儲存於何種媒介，或以何種形式表示，皆可構成營業秘密。三三七條款之控訴人若要以外國廠商擅用其營業秘密來證明不公平競爭，控訴人必須證明：(1)控訴人擁有該項營業秘密；(2)該秘密非眾所皆知；(3)控訴人曾將該秘密告知外國廠商並要求

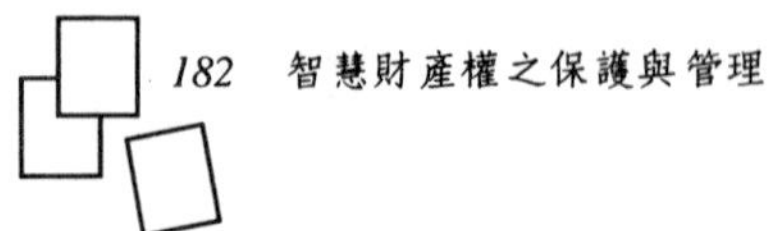

其勿對外公布；(4)該外國廠商對外公布此一秘密。

（五）冒用商品外觀包裝（copy or misappropriation of trade dress）

外國進口商品侵害到美國產品之特殊包裝或設計之式樣。控訴人必須證明其產品之外觀包裝具有特點且對消費者而言有特殊之意義。

（六）不實廣告（false advertising）

外國進口商品之廣告爲錯誤或具有欺騙性。

（七）違反反托拉斯法（violation of anti-trust laws）

外國進口商品限制或獨占美國國內之市場交易。

（八）貿易侵權行爲（tort of trade）

最常見的是外國進口廠商對美國國內產業作出誹謗之行爲。

五、三三七條款之訴訟程序

三三七條款之所以受到美國產業之廣泛利用，其最重要的原因之一便是在於三三七案件提供了一個迅速、高效率之貿易救濟程序。經由三三七之訴訟程序，被侵害者可以在一個很短的時間內獲得行政上之救濟。

(一) 控訴人向ITC提出控訴

首先，控訴人（complainant）必須向ITC提出正式之訴狀，訴狀中必須將被告（respondent）構成不公平行爲或不公平競爭方式之事實作一聲明並提出相關之資料。ITC於接到訴狀後，必須在三十日內決定是否展開調查。若決定控訴人之訴狀具有正當理由且應予以調查，ITC必須將此一決定刊登在聯邦公報（Federal Register）之上。

(二) ITC展開正式之調查

ITC於公告調查後，必須將控訴人之訴狀副本及調查通知送交被告，被告必須於二十日內（國外廠商為三十日）提出答辯。ITC將會任命一位行政法官（Administrative Law Judge）主持調查之工作，調查程序與一般民事訴訟相同。行政法官根據其所獲得之資料與證詞作出初步決定（initial determination），並呈送ITC之全體委員會。

（三）ITC提出建議性決定

ITC全體委員會若決定接受行政法官之初步決定，則其必須對救濟方法作成建議性之決定並呈交總統批准。總統對ITC之決定具有最後之否決權，但不論最後之結果為何，不服者均可以上訴。

三三七條款之整個調查程序依法必須在不超過十二個月內完成；但若案件較複雜者，則可延長至十八個月。

六、三三七條款之救濟措施

三三七條款之救濟措施，大致而言，有下列三種方法：

(一) 禁止進口命令

一旦ITC全體委員會作出決議，認定被告進口之產品構成三三七條款之不公平競爭行爲，ITC可以簽發「禁止進口命令」(exclusion order)，禁止涉案之產品進口到美國。必須注意的是此項命令的執行單位爲隸屬美國財政部的海關署(U.S. Customs Service)。

一般而言，禁止進口命令僅針對該特定調查案中被ITC認定有違反三三七條款情形之特定產品有效，不在ITC之調查範圍內之仿冒品是不受該禁止命令約束的。唯一的例外是若調查過程中ITC無法找到應該對進口行爲負責的個人或公司，另一方面又有大量的證據顯示某些進口貨品已經違反了三三七條款，此時ITC可以對該類型貨品發出一全面性的禁止進口命令(general exclusion order)，不論該類型產品是否在ITC調查範圍內。

此外有所謂的暫時禁止進口命令(temporary exclusion order)，若控訴人能證明除非該項產品能夠立刻禁止進口，否則該控訴人將遭受到立即及巨大之損失，此時ITC會在調查進行中簽發此項命令以保護控訴人之權益。

（二）停止命令

ITC可以依法對違反三三七條款之個人（美國進口商、零售商等）簽發停止命令（cease and desist order），命令該違反者停止從事不公平之競爭方法或不公平之行為。違反此項停止命令者，ITC可要求對其處以民事處罰。

ITC可以在同一個案件中同時簽發禁止進口命令與停止命令，前者係針對違反三三七條款之進口貨品，後者之目標則是美國國內之進口商。再者，ITC在與「暫時禁止進口命令」相同之情況下，可以簽發暫時停止命令（temporary cease and desist order）。

（三）扣押與沒收

若美國國內進口商明知某項貨品由於違反三三七條款而被ITC禁止進口，卻仍然自國外進口該項貨品，此時ITC可以對該項貨品逐行扣押與沒收（seizure & forfeiture）之動作。

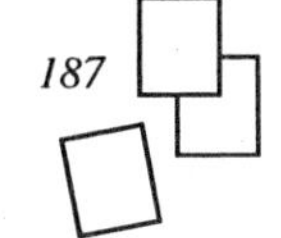

七、三三七條款之特色

三三七條款最重要之貢獻在於使美國政府可以迅速、全面地將那些侵害到美國產品智財權之貨品拒絕於海關之外，因而速度與廣泛性也就成爲三三七條款案件之主要要求與考量。下列即是三三七條款所具有的一些與一般法案不同之特色：

(一) 調查程序快速

以救濟程序之效率而言，三三七條款規定整個程序必須在一年內（較複雜的案件則爲十八個月）調查終結。此項規定對於其產品智財權受到國外進口商品侵害的美國廠商十分有利；其原因在於若美國廠商選擇到聯邦地方法院依據一般之智財權法對侵害人提出訴訟，整個訴訟的過程可能會長達四、五年之久。

（二）全面性的禁止進口

依三三七條款之規定，對違反本條款之貨品所發出之禁止進口命令適用於全國所有港口。相對的若是美國廠商透過一般的聯邦地方法院進行訴訟，該法院僅得就其管轄區域發出強制救濟命令。

◆案例

A公司在舊金山聯邦地方法院對國外B公司進口產品提出侵害智財權之訴訟，A公司可以要求該地方法院對B公司之產品發出禁制令（injunction）以限制其之進口與銷售。惟該禁制令之有效範圍僅止於舊金山聯邦地方法院之管轄區，若B公司在紐約市進口該項產品則不受此禁制令之約束。

（三）屬物性質之管轄權（in rem jurisdiction）

三三七條款救濟可直接適用於全國各個港口之進口貨品。由於救濟行爲係針對某種貨品而非特定個人，因而三三七條款對於在美國境內沒有營業處所或任何財產之被告仍然具有管轄權。

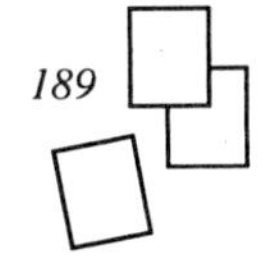

◆案例

美國A公司在舊金山聯邦地方法院對台灣之B公司提出侵害智財權之訴訟。B公司之辯解為其在美國沒有任何的營業處所或財產；同時由於B公司並不直接出口貨品到美國，而是將其貨品販售給香港的C公司，C公司再將貨品出口到美國，因而根據美國之聯邦民事訴訟法規定美國聯邦地方法院對B公司並無管轄權。上述案例中A公司若是採用三三七條款則無此管轄權之問題。

（四）暫時性禁止進口／停止命令

為了保障美國廠商之智財權利益不會被冗長的訴訟程序所犧牲，三三七條款特別規定控訴人可以要求ITC於調查進行中發出暫時性禁止進口命令與停止命令。條件是控訴人必須證明若不予禁止進口，其將會遭到立即且巨大之損失；控訴人於申請之同時必須繳納保證金。

（五）三三七救濟與一般民事訴訟可以同時進行

三三七條款之控訴人可以同時在聯邦地方法院對被告提

出侵害其智慧財產權之民事訴訟，如此對於證據之保全與追溯時效之限制均可以兼顧。值得注意的是，根據聯邦民事訴訟法，控訴人若將三三七案件與一般民事侵權之訴訟同時提出，則聯邦地方法院必須將此一案件暫時「停止」（stay）直到ITC完成調查並將其結果轉交給地方法院。另外由於三三七條款之救濟措施並沒有包括金錢補償，因此對於尋求金錢補償的原告而言，一般的民事訴訟是必需的。

（六）簡化之上訴過程

雙方若是對ITC之決定不服，可以直接上訴到聯邦直屬巡迴上訴法院（The Court of Appeals for the Federal Circuit）；若任何一方對該上訴法院之裁決不服，則可以再向聯邦最高法院（The U.S. Supreme Court）上訴。此一特殊的上訴程序使得三三七案件相較於其他之貿易案件（反傾銷法等），無論是上訴之過程與時間均簡化與縮短了許多。例如在反傾銷法的案件中，任何一方若是對ITC之決定不服，必須先向國際貿易法院（The Court of International Trade）提出上訴之請，之後若對國貿法院之裁決不服才可以向聯邦直屬巡迴上訴法院上訴。

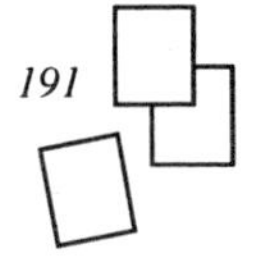

(七) 國內產業（domestic industry）之必要

三三七條款之成立要件中，控訴人必須證明在美國境內存在著與被控不公平競爭貨品相同之產業。此項要求之背後理由十分簡單：若進口之不公平競爭貨品與美國國內現有的產業無關，則很難令人信服美國的經濟利益受到損害，因而亦無正當的理由禁止被控商品之進口。此項要求之證明方法可以分為二部分：經濟層面與應用層面。

首先就經濟層面而言，為了證明美國國內產業之存在，控訴人必須提出下列任何一種之證據：(1)對工廠及設備作出重要之投資；(2)僱用相當人數之勞工與投入相當金額之資本；(3)對智慧財產權之開發利用作出相當程度之投資，包括設計、研發及專利授權使用。

至於應用層面的要求，控訴人必須證明其所聲稱擁有的智財權目前被使用（practicing）中，使用人包括了控訴人本身或其被授權人，而被控不公平競爭之產品就是侵害到該項智財權。

◆案例一

A公司為某日本公司之電腦軟體美國之總代理經銷商。

A公司對台灣之B公司產品向ITC提出三三七條款之不公平競爭控訴，聲稱B公司之電腦軟體侵害到A公司所代理產品之專利權，並要求ITC對B公司產品發出禁止進口命令。由於A公司在美國境內只是從事單純之行銷工作，並不符合所謂國內產業之要求，因而ITC對B公司之產品不能採取禁止進口之行動。

◆案例二

哈佛大學某教授所研發出之醫療器材，目前已取得美國之專利權並屬於哈佛大學校方所有，哈佛大學目前正在與產業界洽商專利技術授權之事宜（尚未授權）。哈佛大學日前向ITC提出三三七條款控訴，指稱台灣某大醫用器材公司進口到美國之某項產品侵害到哈佛之專利權有不公平競爭的情形。ITC拒絕了哈佛所提出的全面禁止進口要求，理由是單純的擁有智慧財產權並不代表有國內產業之存在，控訴人必須能夠證明該項智財權目前正被有效的「使用」中。

◆案例三

A公司投入大量的經費研發出一種治療B型肝炎的新藥，由於美國國內B型肝炎的患者不夠多，因而市場太小，A公司遂將此項新藥之專利權授權給某日本公司。該項新藥

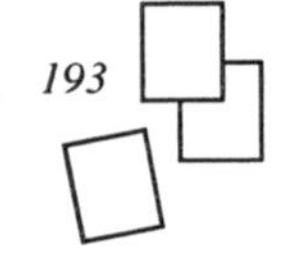

之所有製造過程均在日本進行，美國境內完全沒有任何與該藥有關之工廠、設備及人力之投資。A公司目前正式向ITC提出三三七不公平競爭之控訴，指控台灣某大藥廠所研發並經美國FDA核准上市之某項新藥侵害A公司之專利，要求ITC禁止該項藥物進入美國。由於A公司對該項產品智財權之開發利用作出相當大之投資，同時A公司專利之被授權人目前正在有效使用該項專利，因此A公司可以證明國內產業之存在。

八、結語

如何對本國產業所擁有之智慧財產權提供邊境保護，將侵害到智財權之貨品排除於本國市場之外，已經成為目前世界各主要智財權先進國家之重要課題。美國三三七條款之特色即在於以邊境保護的方式對被侵害者提供一個快速且極具效率之救濟措施；美國國會對ITC所賦予之準司法功能，使得ITC得以對被侵害者提供十分嚴厲的行政救濟程序。雖然晚近由於烏拉圭談判回合的決定，使得三三七條款面臨被修正之命運（例如ITC之調查時間不可以設定期限等）；惟三三七條款上述之重要特色勢將繼續存在。對台灣而言，作為一個美國主要的貿易進口國，如何對三三七條款之內容及其相關之救濟措施進行瞭解並尋求解決之道，實為當務之急。以下僅就與我國廠商有關之幾項三三七條款現象加以研究。

首先，由於三三七條款提供了所謂的「對物管轄權」(in rem jurisdiction)，因而使得被侵害人可以直接對國外之製造商提出控訴，不論該國外製造商在美國是否有辦公或銷售處所，或該製造商之侵害事實是否發生在美國境內。相形之下，被侵害人若是選擇對國外侵害其智財權之製造商採取一般的民事訴訟，被侵害人所選擇之聯邦地方法院必須對該國外製造商擁有「對人管轄權」(in personam jurisdiction）才行。尤有甚者，三三七條款對於智財權遭受侵害的控訴人，三三七條款並不要求其提出遭受損害之證明。近年來許多美國廠商也正是利用上述三三七條款的特點，對我國以出口為導向之製造業（半導體等）進行打擊。不論其案件最終是否成立，對我國之製造廠商已經產生嚴重干擾，甚至有以此來作為迫使我方廠商屈服和解（民事賠償、向美方購買技術授權等）之工具。因此，我方業者產品輸美必須嚴防智財權之侵害行為，若不慎遭到三三七條款訴訟時，對訴訟成本、調查程序與行政救濟措施等皆需做全面之瞭解。

另外，由於三三七條款之立法目的在於防止利用進口或銷售的外國產品，從事不公平競爭的行為，以保護美國境內的產業。因此，即使是在美國境內而爲外國人所擁有的公司，也可以向ITC提出對國外進口產品之三三七條款控訴。例如日本半導體公司若在美國投資機器設備，即可以成爲美國產業，進而可以利用三三七條款來打擊我國如台積電等外國廠商。反之，我國之台積電亦可以使用上述的方式來打擊日、韓等國之半導體產業。

近年美國貿易保護主義盛行，造成三三七案件大量增加，其中有許多是與我國廠商有關。所謂知己知彼百戰百勝，因此如何對三三七條款之內容進行瞭解，並且配合美國法律所提供的救濟措施據理力爭以保障我方產業權益，已經成爲國內產業必須立刻面對的課題。

第十三章

美國經濟間諜法

一、立法背景

美國自從一九八〇年代末期共產主義解體之後，其執政當局之注意力便從東西方政治之對抗轉移到國內經濟發展方面。美國的執政者認為唯有一個健康繁榮的美國經濟才能對世局的穩定產生正面之影響。

科技研究為經濟發展之主要推動力，而美國是世界科技研究之重鎮。每年有成千上萬的新技術在美國被發展出來，對其國內之經濟有極大之貢獻。企業所研發出之技術對企業而言均為其所專有之智慧財產，其特徵為高價值與高流動性。另一方面近年來由於科技之快速發展，人員與資訊在現代社會中移動之速度與頻率均有加快與增加之趨勢。上述諸種原因乃使得美國成為商業間諜活動之主要目標。

所謂商業間諜乃是指竊取商業機密（trade secrets）之組織與個人。對美國而言，這些竊取者不僅包括美國籍與外國籍之私人企業與個人，其中更有許多的外國政府及機構在背後支持這些商業間諜活動。

由於商業間諜之行為對美國之經濟產生極大之負面影響，因此美國國會於一九九六年舉行了一系列之聽證會以尋求解決之道。FBI當時之局長Louis J. Freeh於作證時指出美國之經濟以及國家安全已經受到外國商業間諜之威脅。根據Freeh之證詞至少有二十三個國家在美從事商業間諜活動並造成美國企業一年超過美金一千億元之損失。美國國會在此一情形下終於在一九九六年十月通過了「一九九六經濟間諜法案」(The Economic Espionage Act of 1996)，簡稱EEA。此一法案之主要目的是以政府之公權力來保障私人企業之智慧財產權。大致來講EEA可以分爲二大部分：第一部分是針對外國政府或其代理人之商業間諜行爲；第二部分則是針對一般國內之商業間諜行爲。

二、EEA適用之對象

依據EEA，聯邦檢察官可以對從事商業間諜的組織與個人以刑事罪名提起公訴。雖然當初國會立法之主要動機是打擊外國政府所支持之商業間諜行爲，但是EEA之適用對象除了外國政府機構及其代理人外，更包括了美國籍之商業間諜犯。

(一)外國政府所支持之商業間諜行為

EEA之Section 1831主要適用於外國政府、機構(instrumentality),以及其代表(agent)所支持之目標爲美國企業之商業間諜行爲。由於Section 1831之主要目的在於打擊及嚇阻外國政府對美所從事之商業間諜活動,而非針對一般之傳統性商業機密竊取行爲,因此聯邦調查局(FBI)在進行調查時若是發覺涉案之外國企業背後並無外國政府支持或指使,則Section 1831將無法適用,FBI必須援用其他之Section(Section 1832)以便進行偵查。

由於EEA是屬於聯邦刑事法,違反了EEA將會遭到聯邦檢察官之起訴,依據美國憲法,所有的刑事案件之舉證責任屬於檢方所有,因而依據EEA之Section 1831,檢察官若想要法庭判定被告外國政府有罪,檢察官必須證明下列各項要件:

1. 被告偷竊或未經所有人之許可而取得/破壞或轉讓商業資料。
2. 被告明知此一商業資料爲具經濟價值之財產。
3. 此一商業資料可被歸類爲商業機密。

4.被告明知此一商業資料將可使外國政府、機構或其代表人蒙受利益。或被告企圖（intended）使上述之個體蒙受利益。

EEA對於所謂的外國機構以及外國政府代表人均有清楚之界定。依據EEA，所謂的外國機構包括了任何外國政府之官方單位、研究單位以及其他任何由外國政府支持贊助而以公司或財團法人身分成立之組織。根據此一標準則許多由政府所贊助之學術研發機構以及公營企業如中研院、工研院以及中鋼、中油等機構均適用EEA Section 1831。

所謂的外國政府代表人主要是指外國政府之官員、雇員、駐美外交人員以及其委託之代理人而言。雖然我國目前與美國並無正式之外交關係，然而我駐美代表處之人員仍然可以被定位爲外國政府之agents，而適用EEA Section 1831。

（二）一般國內之商業機密竊取行為

由於EEA Section 1832主要是針對美國國內之商業機密竊取行爲，因此Section 1832適用於任何與外國政府無關之商業機密竊取行爲。和Section 1831相似的是聯邦檢察官必須證明下列各項要件方能夠使被告被法庭定罪：

1.被告偷竊或未經所有人之許可而取得／破壞或轉讓商業資料。

2.被告明知此一商業資料爲具經濟價值之財產。

3.此一商業資料可被歸類爲商業機密。

4.被告企圖將此一商業機密提供給他人以獲取經濟上之利益（economic benefit）。

5.被告明知其行爲將會損害到所有人之權益。

6.商業機密之本身屬於聯邦法之管轄範圍。

（三）Section 1831和1832之比較：外國商業間諜vs.本國竊賊

如果我們仔細的比較Section 1831和1832，我們可以發現二者由於所針對之目標不同因而使得檢察官有二種不同的起訴標準：Section 1832之起訴標準要比1831來得高。這其中之道理在於美國國會當初立法之主要目的是嚇阻外國政府所支持之商業間諜活動。因爲美國國會認爲外國政府在美所從事之商業間諜活動嚴重影響到美國之經濟進而威脅到美國之國家安全。相對的一般傳統的國內商業機密偷竊行爲，不論被告爲美國籍或外國籍之個人或企業，對於美國之損害和前者相較並不是很大。

比較Section 1831和1832之起訴標準，可以發覺其中最大之差異在於對犯罪行為所產生對被告之利益（benefit）有著不同之要求。

Section 1831由於目的在於打擊有組織的外國政府商業間諜活動，因此被告之犯罪行為只要是和任何外國政府有關，則檢察官僅需證明被告有要使外國政府蒙受利益之意圖（intent to benefit）即可。至於被告之行為是否眞的使外國政府獲取利益並不重要。又Section 1831對利益所下之定義並不只是狹義的經濟利益，它同時包括了戰略上以及國家名譽與尊嚴方面的利益。

另一方面Section 1832之主要目的是在防止國內之企業去從事不法的商業機密竊盜行為。一般而言企業之間的商業竊盜行為其動機大部分都是為了經濟上的利益。其犯罪行為雖為法所不容，但對國家安全之影響並不像外國商業間諜那樣的大。基於上述之理由，美國國會立法時特別要求檢察官對於國內之商業竊盜被告必須能夠證明其有獲取經濟利益之企圖。

另外Section 1832要求檢方必須能夠證明被告明知其行為會損害到所有人之權益。此一要求之主要目的在於保護那些無辜者，例如員工以及技術被授權人（licensee）。有些時候犯罪者會以詐騙的手腕來從善意的第三者處獲得商業機密，此時之第三者是無辜的。

◆案例

假設A君爲美國某一生技公司之研發人員，同時也是一位和平反戰人士。當A君發現到其所任職之公司正接受美國政府之委託研發生物武器時，他決定將此一研究計畫偷走交給ABC電視網，希望透過他的揭發能夠中止此一計畫。A君之行爲是不能被Section 1832所起訴的，因爲A君並不想獲取任何經濟上之利益。

三、商業機密之定義

EEA Section 1839對於商業機密作出了如下的定義：它屬於任何形式與種類之金融、商業、科學、技術、經濟或工程方面之資訊；其中包括專利權、計畫書、出版物、程式設計、配方、設計圖、模型、製造方法與技術、處理程序與製造過程、電腦程式、密碼等。不論該資訊是有形或無形，或其儲存及收集之方式爲何（電子、圖案、照片或文字），均可被視作爲商業機密。

看完了以上對商業機密所下的定義，我們可以察覺到它幾乎已經包括了一切有形與無形的智慧財產。雖然Section 1839對商業機密給了一個非常廣泛的定義，但是它同時也設定了二個重要的前提。除非檢察官能證明遭到侵犯的資訊符合這二個先決條件，否則EEA將無法對嫌犯加以制裁。

首先必須證明的是資訊所有人已經採取了適當的防護措施（reasonable measures）來保障資訊之安全。至於到底何者才算是適當之防護措施則見仁見智、沒有一定之標準。依照過去美國法院之判例，我們可以瞭解到不同的公司可以有不同的措施，重點是必須要達到防護之目的。筆者認爲所謂的合理性與否必須視公司之規模與業務性質而定。一個年營業額美金十億元之高科技公司所採行之防護措施（密碼＋全天候警衛＋保全系統等）肯定要比一個年營業額二百萬美元的電腦軟體公司來得多。但是只要這個軟體公司的防護措施與其他相同規模之公司類似（密碼等），它也就符合了EEA所要求之條件。

第二個必須被證明的是此一資訊並不爲大眾所知，因而具有經濟上之實際或潛在之價值。所謂實際或潛在之經濟價值，係指對該項資訊保守秘密，對於企業之競爭能力具有極大之助益；另一方面倘若某項資訊之市場價值（market value）無法被估算出來，這項資訊將不能被稱作商業機密或被EEA

所保護。

另外值得一提的是EEA對偷竊行爲所下的定義。除了一般之偷竊行爲外，舉凡對他人資訊未經許可之複製或刊登（publication），均可構成EEA之偷竊行爲。

四、刑事責任

由於EEA是聯邦刑事法，一旦被告被判決確定就將會面臨著被監禁及罰鍰的可能。美國國會於立法時考量到外國商業間諜與一般之國內竊盜犯對美國所造成之損害程度有別，因而二者之刑期與罰鍰金額亦有所差別。以下即爲EEA所規定之最高刑罰：

Section 1831 對外國商業間諜之處罰

	最高刑期	最高罰金
個人	15年	USD 500,000
企業	N/A	USD 10,000,000

Section 1832 對一般國內竊盜罪之處罰

	最高刑期	最高罰金
個人	10年	USD 250,000
企業	N/A	USD 5,000,000

由EEA所定之最高刑罰可以瞭解美國國會希望藉由重罰來收到嚇阻商業間諜犯罪之效果。但是根據筆者之觀察，正由於EEA屬於聯邦刑事法，因而它有一個民事法條所沒有的缺點：檢察官必須百分之百的令陪審團的成員相信被告有罪（guilty beyond reasonable doubt）。

簡單地說，美國憲法規定在刑事案件中檢察官必須得到全體陪審員（通常爲十二人）一致的同意方能使被告被定罪，對某些案件而言此爲一高難度之要求（尤其是當證據薄弱時）。

相對於刑事案件之高標準，民事案件中之原告僅需要多數或過半數陪審團成員之同意即可判定被告敗訴。這也是爲什麼對某些大公司而言，若是碰到了一般的商業機密被竊情形，選擇提出民事訴訟可能會更能保障其權益。

五、EEA之獨有特點

EEA是一部非常與眾不同的刑事法；與一般的刑事法相比，它的管轄權範圍比較廣，同時對犯罪之處罰也比較嚴厲；這主要是因爲美國國會希望用EEA來打擊外國政府所支持之商業間諜活動以保障美國之國家安全。另一方面由於EEA之另一個目的是希望以政府之公權力來保護私人企業之商業機密，因而造成EEA之某些條款在保障私人之經濟利益爲前提下與一般之刑事法精神大異其趣。

（一）未遂犯（attempt）

一般來講，美國刑法上對犯罪行爲未完成者之處罰要比已完成者來得輕。但是Section 1831與1832對於未遂犯之處罰均是與完成犯一樣，並不因其犯罪行爲之未完成而有所不同。

（二）同謀犯（conspiracy）

所謂的同謀犯是指二人以上共同策劃一個犯罪行爲。由於同謀犯本人可能並沒有實際的參與犯罪因此其刑罰一般較輕，美國刑法規定同謀犯之最高刑責爲五年監禁。EEA卻對同謀犯給予和實際作出犯罪行爲之正犯一樣之刑責；參與外國商業間諜之同謀犯雖然本身沒有參與實際之偷竊行爲，卻依然可以被判處十五年監禁的最高刑期。

（三）財產沒收（forfeiture）

根據EEA Section 1834，被告一旦被判定有罪，法院必須將被告之因其犯罪行爲所得之財物沒收。除此之外法院也可以將被告用以遂行其犯罪行爲之工具（電腦、汽車、飛機等）予以沒收。此項條款對於私人企業所從事之商業間諜活動具有特殊之嚇阻作用。

（四）機密性（confidentiality）之維護

美國憲法中規定凡是刑事案件，檢察官必須將一切用來起訴被告之證據公開給被告與公眾知道。此項規定之用意在於讓被告知道檢方有多少證據對其不利，同時也讓被告知道他應該如何來爲自己辯護。

此一保障被告基本憲法權利之規定卻破例的不一定適用於EEA之案件。EEA Section 1835規定若法官覺得本案中之證據屬於商業機密之範疇，法官可以採取必要之手段以防止此項證據之洩露。

◆案例

A公司被控竊取B公司之商業機密。A公司所採之辯護爲其所取得之資料與B公司之商業機密不同。一般而言檢察官或是被告A公司將會要求將B公司之商業機密當作呈堂證物以便與A公司之資料比較。此時B公司可以根據Section 1835要求法官不要將其商業機密公開給被告或公眾。

（五）境外管轄權（extra territorial jurisdiction）

世界各國包括美國在內均對其司法管轄權之範圍加以明確之界定，一般而言均只限於其領土以內。EEA是美國刑事法裡的少數例外，因爲在某些情況之下根據EEA美國對發生在美國境外之商業間諜行爲依然擁有管轄權。

EEA Section 1837規定在二種情況之下美國擁有境外管轄權。第一種情形是當被告是美國公民或美國之永久居民(permanent resident)，或被告爲一個在美國任何一州登記註冊之企業。若被告具有以上之任何一種身分，美國對於被告於美國境外任何違反EEA之行爲擁有司法管轄權。

第二種情形比較複雜難懂，必須以實例來加以說明。假設某一商業機密竊盜行爲發生在美國領土內，嫌犯A將其所竊來的商業機密交付給住在巴西並且知情的B保管。根據EEA，雖然B一生從未踏上過美國領土，美國政府仍然可以將他起訴。

六、EEA對我國企業之影響

現代之企業具有以下二大特點：員工流動性高以及大量的以電腦軟體來儲存資料。而上述之特點也就爲商業間諜提供了絕佳的活動條件。台灣近年來有大批從美國歸來的高科技人才投入國內的產業界，其中極大部分的歸國人員都曾經在美國之業界服務並且擁有美國國籍或居留權。對於僱用這些歸國人員的我國企業而言，可能從未想過有朝一日會被美國聯邦檢察官根據EEA以商業間諜共謀犯的罪名起訴。事實上企業本身雖然並無竊取美國某公司商業機密之意圖，但是由於無心之疏失極有可能會被無端的捲入一宗商業間諜案而蒙受極大之經濟損失（最高罰金美金五百萬元）。因而如何使我國企業能夠一方面充分的利用歸國之高科技人力資源，另一方面卻又能不用擔心EEA之威脅，成爲企業當前重要之課題。

◆案例一

A君爲一資深之製藥研發人員，A君在美國任職於U1大藥廠專門從事HIV新藥之研發。台灣之T1大藥廠有意延攬A君回台從事B型肝炎療效藥之研究（因HIV與B型肝炎之研究有相似之處）。A君接受T1之邀請回台服務，不久後U1公司向美國FBI投訴指稱T1公司與A君二者爲同謀犯，而A君目前在台之研究內容有許多是竊取自U1公司的。T1公司面臨被美方依EEA Section 1832以同謀犯罪名起訴之可能。

◆案例二

B君二年前辭去了他任職於美國U2大藥廠之工作回到台灣T2公司擔任R&D之負責人。雖然待遇與工作環境均十分理想，但是公司之高層卻不斷的給予B君極大的壓力，要求他務必於短期之內能作出技術上之重大突破。B君於百般無奈的情況下只好透過他從前在美國U2樂廠之老同事希望能「借用」一下U2公司之新技術觀念。東窗事發之後，B君與T2公司均被美方以同謀犯共同起訴。

美方對T1和T2之起訴理由十分簡單：T1和T2在明知其所僱用員工之行為會損害到商業機密所有人U1與U2權益之情況下卻仍然對其之行為加以協助或鼓勵。對檢察官而言，T1到美國挖角的動作可以被解釋成對A君竊取商業機密之協助；而T2之行為則可被視為對B君犯罪動機之鼓勵。由於EEA對於同謀犯之處罰與正犯相同，而上述二案之犯罪地點均在美國領土，結果是二家與美國完全無關的台灣公司面臨罰金可能高達美金五百萬元之刑事起訴。

其實對T1和T2公司而言，這一切都是可以避免的。根據美國刑事法，被告若要證明自己之無辜，最重要的是必須證明自己完全沒有犯罪之企圖（negate the criminal intent）。對國內之企業而言，採取下列極其簡單之措施便可以輕而易舉地達到保護自己之目的。

1. 保密協議書（confidentiality agreement）：所有新進之科技研發人員（不論其是否來自美國）必須簽訂此協議書。協議書中必須明確的指明公司與員工本人完全瞭解並願意遵守EEA之規定。

2.新進員工面談（entrance interview）：所有之新進科技研究人員在被僱用之前必須經過此一面談。面談之內容包括：

(1)該員從前之雇主爲何、是否任職過美國境內之公司。

(2)該員過去之研究重點與成果爲何、是否會將該項成果或技術應用到目前之工作上。

(3)該員是否具有美國國籍或永久居留權。

(4)鄭重的告知該新進員工違反EEA之嚴重性並重申公司對於EEA之重視與遵守之決心。

七、結語

EEA爲美國國會爲保障美國企業之經濟利益所立之非常之法。美國企業可以依據EEA要求美國政府動用司法權（FBI和聯邦檢察官）來保障其私人之經濟利益。對我國之企業而言十分重要的是如何一方面充分利用來自美國的高科技人力與資訊，另一方面又可以避免來自美國競爭對手的潛在EEA威脅；唯有充分的對EEA有一完整的瞭解與認識，才能夠知己知彼，進而取得企業之優勢。

第四編

智慧財產權管理之具體實踐

第十四章

智慧財產權資產管理

一、智慧財產權之重要性

企業若要創造優勢競爭效應，根據張忠謀博士的看法首先必須要建立競爭障礙（competitive barrier）以掌握優勢。根據他的研究，成本、技術、法律與服務是最佳的競爭障礙。其中所謂的法律方面競爭障礙，主要是指智慧財產權的擁有。對於生產高科技產品之廠商而言，智慧財產權更是一項決定該公司是否具備競爭力之關鍵因素；因此企業除了消極的應避免侵犯到他人的智財權，更應該積極而主動開發與獲得新的智財權。

對於企業而言，所謂的智慧財產權應包括專利權、商標權、著作權、營業秘密、積體電路佈局、know-how等。一家公司如果能妥善的對其所擁有的智財權予以管理，上述之智財權對公司而言不但可以避免被其他公司訴訟侵害其權利，更重要的是可以替公司創造出更高的利潤。例如像提高公司競爭力、收取專利授權之權利金、和其他公司交換專利權藉以提升本身產品之附加價值等皆是。

二十一世紀將會是一個資訊的世紀，知識經濟將取代產業經濟，知識與智慧終將取代資產，成爲企業經營最重要的要素。根據美國的一項調查指出，一九九二年美國公開上市公司的市場價格，其中有高達40％是資產負債表上看不到的，對於那些高科技產業的公司而言，上述之百分比甚至可以達到100％。世界著名的摩根．史坦利（Morgan Stanley）股票指數則顯示全球證券交易市場的各公司平均市價，是其帳面價格的200％；以美國爲例，平均其各股之市價更可以比其帳面價格高出200％至900％。

經由上述的例子，我們可以瞭解到企業擁有一些隱藏性的資產（hidden assets），具體而言也就是智慧財產權。這些隱藏性資產由於無法確實的反映在財務報表上，因此並不能引起企業主管和投資者的注意甚至於被忽略。尤其國內近年來高科技產業蓬勃發展，許多企業紛紛投入大量的資金來提升技術，進而衍生出許許多多的智慧財產。如何充分而有效的管理與運用這些珍貴的隱藏性資產已經成爲國內企業所面臨的一個重要課題。

智慧財產權資產管理（intellectual property assets management, IPAM）的最終目的爲充分利用企業所有的智慧財產權來創造企業最大之利潤。對於一個從事高科技的企業而言，其所擁有的智慧財產權可以發揮下列之功能：

（一）保護研發成果

智慧財產權賦予其法定所有人，在法定之有效期限內，享有絕對之高度排他性權利。所以企業研究發展所獲得之成果必須予以權利化，如此方能使得該項技術得到法律保障，進而合法地壟斷該項技術成果。

（二）提升研發績效

所謂知己知彼，百戰百勝。企業如果能夠善加利用其本身及其他廠商所有之智財權資訊（例如專利公報），可以大幅縮短與節省研發時間及費用。更重要的是可以利用智財權作爲企業之經營策略規劃指標。

（三）產生企業利潤

根據美國《商業周刊》的報導，IBM擁有全世界最多的軟體專利，二千五百件的軟體專利每年替IBM帶來超過美金十億元的權利金收入。台灣的宏碁電腦與IBM所簽訂的專利交互授權契約，估計每年可以爲宏碁省下美金六千萬元的權利金。

（四）創造企業未來

企業必須擁有一定數量的智慧財產權，才可能順利地研發相關產品進而確定未來之營運目標。企業更可以利用策略聯盟的方式來交互授權，提升本身技術水平來創造更大之商機。

二、如何取得智慧財產權資產

智慧財產權的來源是多方面的，包括企業本身之研發、向他人購買或取得授權、以策略聯盟之方式交互授權（cross-licensing）、併購其他企業來概括承受其智財權或者是與其他企業進行合資關係（joint venture）均可以達成獲取智財權之目的。

（一）自行研發

企業自身投入經費進行研發，並將研究成果，依法律的規定直接取得智慧財產權。研究開發之投資比例與智財權之創造成正比，因此世界各國之大型企業無不投入大量之研發經費。例如IBM於一九九三年之研發經費爲美金四十四億元，占該公司總收入的7％。

（二）授權（licensing）

企業以支付權利金的方式從智財權所有人處取得使用該項智財權之權利。一般而言，企業得先支付一筆簽約金給技術移轉人，之後還必須依照合約定期支付權利金（royalty）給對方。授權可以分爲專屬性授權（exclusive licensing）與非專屬性授權（non-exclusive licensing）二種。

（三）購買

企業可以以購買的方式從他人取得智財權。購買可分爲二種：單純的從他人處購買某項智財權，或者是將其他公司全部或部分買下（merger & acquisition），以取得該公司之全部或一部分之智財權。後者需要龐大的資金以及對被併購公司充分之瞭解。

（四）投資合作

企業透過合資關係，與其他公司共同投入資源來經營一個新事業，進而獲得合資者之技術與智財權。

（五）策略聯盟（strategic alliance）

企業與其他公司結盟，各取所需的以交互授權的方式來交換各自所擁有的智慧財產權。

上述之方式均各有其利弊：自行研發必須投入大量之人力與物力，有時不但會效果不彰而且緩不濟急。用授權方式可以立即取得關鍵性技術，缺點則是受制於授權人，尤其若是取得的是所謂的「非專屬授權」，則此項智財權必須與他人共同所有。購買他人之智財權或併購公司必須投入大量資金，萬一所購得的公司問題重重則更是麻煩。合資與策略聯盟對企業而言雖可以得到他人的智財權，但是相對的企業本身所擁有的智財權也必須與他人分享。因此企業在做出如何取得智財權之決定時，必須衡量本身之財務狀況、技術水平、市場情形與競爭者之實力。

三、如何管理智慧財產權資產

（一）智慧財產權資產管理的目標

智慧財產權資產爲無形資產，其特徵爲資產之時間效益（time effectiveness）高度遞減；主要原因則是由於智財權一般均具時限性。例如年限十五年之專利權，該項專利權之期初價值必定大於期末價值甚多。另外一種情形則是當企業內部已經研發出某一種技術，惟企業尚未對該項技術提出正式專利申請，該項智財權將無法獲得法律之保障。上述情形最常發生於快速成長之高科技公司，經常研發單位所研發出之某項新技術，公司之高層主管卻毫無所悉。因此企業必須對所擁有之智財權加以妥善管理，充分瞭解屬於自己的智財權有哪些，如此才能夠將智財權之經濟效益發揮到最大。簡單地說，爲了能夠追求最大利潤，智財權資產管理必須達成下列四大目標：

◆辨認（identification）

對於己方所擁有的智財權能夠清楚地加以辨認，充分瞭解各個不同智財權的目前狀況；能夠分辨出何者爲企業經營所不可或缺、何者爲多餘的智財權資產。

◆防護（protection）

對於己方所擁有的各種不同類型的智財權，能夠依其性質提供適當的防護措施。例如專利權與商標，由於只要依法登記註冊便可以得到法律的保障，因此企業對該類智財權必須儘早作出所有之主張。相對的，營業秘密與know-how由於無法以上述登記註冊的方式得到法律保護，因此企業必須採取適當的措施以防止智財權遭人竊取或盜用。

◆發展（development）

一旦確認某項智財權對於企業之營運或成長有益，企業必須設法取得該項資產，方法包括內部自行研發與外部取得（授權、購買等）。

◆效用（utilization）

某些關鍵技術的智財權能夠提升企業之競爭力，另一方面，某些智財權可以對外授權以賺取權利金；更有些企業將自己所擁有的智財權與他人交換以節省權利金支出。企業必須針對個別智財權採取不同的策略，使其發揮最大之效用。

（二）智慧財產權資產管理的階段

智慧財產權資產管理可以分為三個階段：智財權稽核（IP audit）、智財權策略（IP strategy）制定以及智財權維護（IP maintenance）；簡稱為ASM。

◆智慧財產權稽核

所謂的智慧財產權稽核，並不只是單純的智慧財產盤點而已。透過稽核的方式，企業可以對自己所擁有智財權資產之重要性與價值，作一個全面性的瞭解。除了可以評估其智財權的價格之外，企業也可以利用稽核的結果來制定其內部對於智財權的開發、管理、防護等不同之策略。智財權稽核最常見於企業間發生併購的情形。

智慧財產權稽核之主要目的如下：

1.瞭解企業本身的智慧財產權狀況、該項智財權之原始來源與涵蓋之範圍為何。

2.確認企業本身爲該項智財產資產之合法所有人（檢視相關之文件)、該項智財權是否與他人共同擁有？
3.制定與評估企業內部有關開發、管理與維護智財權的策略。
4.具體計算出企業本身智財權之經濟價值。
5.發現企業內部有關智財權管理之缺失。
6.避免由於開發新產品所衍生出之法律責任。

稽核的第一步是智財權資產的清點工作（assets identification）。所有企業目前所擁有的智慧財產權暨相關的文件，均必須加以檢視與登記。包括專利權（含申請中、國內外)、著作權（含電腦軟體、產品說明書、客戶名冊等)、商標、積體電路佈局、營業秘密等。

接下來必須對與智財權有關的企業內部流程與策略逐一加以檢視（procedures & policies identification）。例如企業目前獲有哪些專利授權？它們的條件爲何？某項智財權目前是否正在被使用中？它的經濟效益與重要性有多大？企業內部員工所簽署之保密協定（confidentiality agreement）、實驗室記錄簿（lab notebook）之管理、企業內部對發明專利權的申請程序以及企業內部對智財權之保護措施等。

最後則是稽核報告的撰寫，稽核報告的內容包括下列幾項重點：

1.智慧財產權資產清單暨其現況。

2.此次稽核所發現出之問題與缺失。

3.應採取何種行動來矯正缺失。

4.提出具體建議來規劃一個對企業整體營運有所助益的智財權資產策略。

◆智慧財產權策略制定

所謂的智財權策略，就是當企業完成了內部的智財權稽核工作，對自身所擁有的智財權以及與智財權相關之企業外部環境（市場占有率、獲利率等）作一全面性的分析後，企業便根據此一分析來制定其最具優勢的策略。易言之，此一策略將企業本身內部智財權的優勢與企業外部經濟環境加以結合。

一般而言，依動機之不同，智財權策略可以分作防禦性（defensive）與攻擊性（offensive）二種類型。所謂的防禦性智財權策略，係指企業利用其本身所擁有的智財權來確保企業活動之自由，下列幾種爲常見之作法：

1.高科技產業對於研究開發新技術均十分注重，以確保本身之競爭優勢。企業爲了要提升自身智財權申請之質與量，因此必須儘速儘早提出發明專利等智財權申請。

2. 企業於申請專利等智財權時，必須注意成本效益。發明必須對企業的活動自由有所助益才值得申請。對於非關鍵技術，儘量以交互授權的方式取得，以避免大量研發經費與高額權利金支出。
3. 充分利用其他競爭對手所出版的技術公報（technical disclosure）或專利公報等公開資訊，藉以合法的篩檢企業本身所提出的防禦性專利申請。

攻擊性智財權策略中最常見的，是以確保權利金收益爲考量，其作法爲企業依照其長期事業策略，選擇授權之技術、對象與國家。例如某美國製藥公司發明了治療愛滋病HIV病毒的新藥並申請了美國專利權。該項技術被證實亦可以治療B型肝炎，則某公司必須替該技術另行申請一個B型肝炎專利。某公司爲了能獲取最大利潤，可以將該技術之B肝專利（非HIV）授權給一個位於高B肝患者國家的公司以收取權利金。被授權公司必須負擔新藥在其國家上市之一切費用。某公司則仍然保有該技術的HIV專利並自行製造生產。如此一來該項技術的二項專利可以替公司獲取最大利潤。

另一種常見的攻擊性智財權策略：企業利用本身的智財權來實施市場獨占，以確保營業利益之最大化。企業必須取得關鍵技術的專利權並築成一個綿密不漏的專利網路，使其他競爭對手完全沒有插足的機會。爲達到此一目的，企業在申請專利時，必須優先選定具獨占市場潛力的技術，在全球幾個主要市場同步申請。對於爲他人所有、構築專利網路所不可缺的專利權，更是必須優先取得。

總括而言，智財權策略的制定，必須結合企業各部門資源，並配合本身的經營目標，比較分析以後才能選擇適合的策略。

◆智慧財產權維護

智財權是企業投入大量心血所獲得的結晶，必須加以妥善維護，其經濟效益才能發揮到最大。更重要的是，由於智財權資產具高度之排他性，因此各國政府莫不要求智財權所有人必須遵守一定的規則，例如註冊登記、繳納年費、定期更新、特定商標之使用證明等，才能擁有智財權資產的所有權。

企業若是將智財權授權給他人，被授權人（licensee）對授權人（licensor）負有一定的義務。其中最重要的是繳付權利金；另外有時候合約中規定，被授權人有義務要將其對被授權技術所作之改良（improvements）移轉回給授權人。被授權人同時也有通知授權人該項授權技術已被第三者侵害的義務。

四、智慧財產權資產之價值

與其他的資產一樣，智財權具有一定的經濟價值。智財權的價值評估，一般而言可分為下列三種目的：

1. 交易價值的計算：將智財權本身當作交易標的物予以評價，例如買賣、交換、併購、合資等。
2. 使用價值的計算：將智財權的使用價值予以評價，例如權利金、版稅等。
3. 賠償責任價值的計算：智財權被侵害時，賠償金的計算。

（一）交易價值的計算

為了能夠精確的計算出智財權的價值，一般企業均採取所謂的「持續使用價值」（going concern value）原則。主要

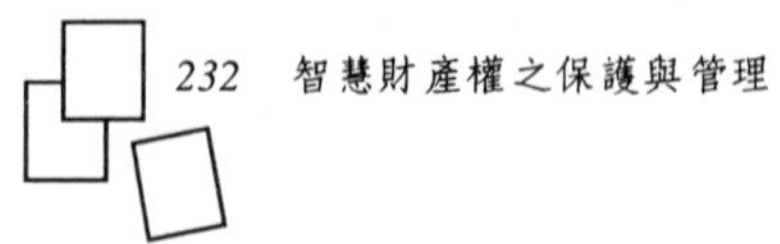

可以分為下列三種計算方式：

◆成本累積法（cost approach）

智財權資產的價值等於其開發成本的總和。此項方法最常被用於尚未正式上市的產品，其最大的缺點為研究開發成本，經常與其經濟價值不成正比。

◆市場比價法（market approach）

將市場上其他智財權資產交易的價格，當作本身智財權的價值依據。其最大的缺點是，很難找到與本身所擁有的智財權完全類似的交易實例。此項方法最常被用於企業所購入的智財權，其所付的金額便可作為智財權的合理市場價格。

◆所得估算法（income approach）

依據企業利用智財權，所獲得的現金流入來計算智財權價值。一般企業均使用「折算現金流量法」（discount cash flow method）計算；將企業預估可獲得現金的期間內，所有現金流入的總和折算成現金之目前價值。其缺點是很難能精確的估計出未來時間內現金的流入量。

（二）使用價值的計算

所謂智財權的使用價值，指的是授權金、版稅等。權利金對授權者而言，是為了收回研發投資、維持專利權以及獨占性。對被授權者而言，是為了節省研發的時間、成本、風險，以及迴避專利訴訟費用。一般權利金的計算是根據發明標的物的商業價值，並應考慮下列因素：

1. 授權所得之合理利潤：所得金額是否能彌補授權公司的機會成本損失？是否應採取排他性授權（exclusive license）以獲得單一來源高金額權利金，或是非排他性的多項來源較低金額權利金較有利？
2. 發明標的物之生命週期：生命週期較短的產品，其權利金應採一次付清方式。
3. 發明標的物之市場分析：產品是否具有市場潛力、競爭對手的技術等。
4. 授權對手是誰：要求授權的對方是否較具優勢？是否為競爭者？

權利金的支付，依付款的時間與方式，可以分成下列幾類：

1.定額權利金：依據合約，被授權人支付一固定金額的權利金給對方，付款可以一次付款（lump sum）或分期付款（installment）方式支付。

2.營運權利金：依據產品的生產或銷售總金額，於契約期間中持續支付權利金。

3.保障權利金：被授權人保證將支付一定最低金額的權利金給對方，被授權人縱使未生產或銷售該產品，亦有支付權利金之義務。

（三）賠償責任的計算

智財權資產若是遭到他人侵害，智財權所有人依法可以提出損害賠償之請，其賠償金額爲被侵害人之經濟損失。損害金額可用成本累積法、市場比價法或所得估計法加以計算。

五、結語

美國麻省理工學院教授Thurow 博士指出智慧財產權爲二十一世紀產業競爭的關鍵。二十一世紀的明星產業如半導體、資訊、生物科技等高科技產業，其所憑藉的正是智慧財產權資產。值此之際，如何結合國內的產、官、學界，共同擬定出一個國家級的智慧財產權策略已是迫不及待。除了企業界必須認眞地去瞭解智財權的重要性，並規劃一套管理方法之外，政府相關部門也必須制定配套措施，如此才能確保我國產業的競爭優勢。以下提出個人認為值得國人探討的二個現象。

一般而言，相較於美國、日本等高科技產業，台灣缺乏基礎性、具威脅性的智慧財產權。可以預期的是，未來美、日等高科技企業將會採取全面性專利攻勢，藉以提升其本身競爭優勢。面對如此挑戰，台灣的高科技產業只有以下方式取得智財權：自行研發或者是購買與被授權。但是不論採取何種方式，企業本身必須有一套全面性的智財權策略，如此才能保持競爭力與生存空間。

近年來政府相關單位，開始對於智財權所產生的經濟效益予以重視。例如「專利權及專門技術作爲股本投資辦法」、「科技類股上市上櫃辦法」等相關法規之制定，在在都說明了智財權資產對高科技產業財務規劃的重要性。高科技產業特色爲投資於研發之金額龐大，且短期內除了智財權外並無產品上市，故亟需要銀行或投資人之資金。惟目前國內金融機構對於以智財權作爲融資擔保仍是十分陌生。反觀日本早於一九九五年便成立了所謂的「日本開發銀行」，專門對高科技產業提供智慧財產權擔保融資。另外英國日前也修改其租稅制度，正式將智財權資產列入資產負債表中：總資產＝流動資產＋固定資產＋無形資產＋智財權資產；對於新成立的高科技公司借貸有極大的幫助。

積極發展智財權資產並加以妥善管理，已經成爲一個國際趨勢。台灣產業應加強對智財權資產的認識與管理，如此才能在下一世紀繼續保持競爭力的優勢。

第十五章

智慧財產權資產之境外操作

一、高科技產業與境外操作

所謂的境外操作（offshore operations），係指企業在某些有租稅天堂（tax havens）之稱的國家地區設立境外（控股）公司（offshore company），進而以此一境外公司之身分申請使用本國（台灣）銀行之境外金融中心（offshore banking unit, OBU）服務；此一操作不但可以達到節省企業稅負之目的，另一方面，藉由境外公司之公開發行與上市，亦可以爲企業在境外籌措更多的資金。

有別於傳統產業之偏重於土地、廠房、機器設備等固定資本，新興之高科技產業所倚賴的，則是包括訓練有素之員工與智慧財產權等在內的「知識資本」(knowledge capital)。其中智慧財產權由於攸關企業未來之生存發展，因而成爲高科技產業所不可或缺的重要資產。另一方面，企業往往經由授權或策略聯盟等方式，藉著其所擁有的智慧財產權以獲取包括權利金、版稅等收入，而此一收入往往成爲高科技產業盈餘之主要來源。

由於高科技產業之建立需要投入大量之資金，故對其而言，如何節省企業稅負，盡可能將盈餘充作營運資本

（working capital），便成為一重要之課題。一般而言，在所謂的租稅天堂所設立之境外公司，均無須向註冊國繳交任何稅金（包括營業利得暨資本利得在內）；同時，由於是「境外」公司，因此企業之全數境外利得亦不必負擔本國（台灣）之租稅義務。如此藉由境外公司之設立，高科技公司所獲得之智財權收入可以合法的全額免稅，並將其所節省之稅金盈餘投入企業之營運。

眾所皆知，許多高科技產業雖然極具發展潛力，卻礙於在草創時期獲利不高，以至於無法合乎國內交易中心之上市、上櫃標準，造成資金籌措之不易，因而減緩了企業成長之步伐。另一方面，包括香港暨新加坡在內等國家地區之股票交易中心，不但允許在某些稅務天堂登記之境外公司在該處申請上市，而且沒有最低獲利之限制；一般而言，十分適合新興之高科技公司前往申請掛牌上市，日前在香港推出之「創業板」（growth enterprise market board, GEM）股票市場即為一例。

除了公開發行股票，高科技公司亦可以藉由私人貸款、創投基金（venture capitals）之投資等方式募集資金。近年來中國大陸經濟成長迅速，造成許多閒置資金流出國外，其中不乏有意投資高科技產業者；惟受制於目前兩岸之政治情勢，以致中國資金無法直接投入台灣之高科技產業。另一方面，由於各個租稅天堂一般均為政治安定、崇尚法治之西方民主陣營國家（地區），因而在當地所註冊登記之境外公司均能被國際投資人所接受與信賴；倘若台灣之高科技產業以此一境外公司模式成立，將會有助於吸引包括中國在內之國際資金挹注。

本文之目的在於探討如何有效的以境外操作之方式，來管理高科技公司所擁有之智慧財產權資產，進而達到完全節稅之目的；附帶亦介紹高科技公司於租稅天堂藉公開發行之方式募集資金之可行性。

二、境外操作之方式

（一）成立境外控股公司

對高科技公司而言，成立境外控股公司（offshore holding company）具有二種目的，除了可以將其本身（台灣）公司之股票轉讓給此一控股公司外，同時更可以藉此將其所擁有之智慧財產權資產（專利權、商標權、著作權等）予以移轉，進而達成完全節稅之目的。

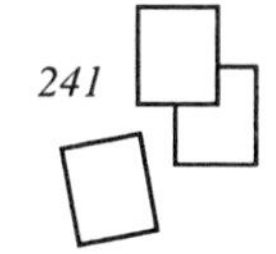

一般而言，在租稅天堂所成立之境外公司，其租稅特徵爲境外來源所得均免稅。所謂的境外來源，包括境外資本利得、境外股利所得、境外營業利得以及境外（智慧財產權資產）權利金收入等。此外大部分租稅天堂均允許境外公司無限制保留其未分配之盈餘，並可將股利匯回其母國（台灣）而免扣繳稅。

單就擁有智財權資產而言，台灣某公司若能將其所有之智財權移轉給其所成立之境外公司，則每年其巨額之權利金收入均爲該境外公司所有；由於該項收入之所得人爲一「境外」法人，所以不必繳納任何稅金給台灣當局，另一方面，由於該境外公司所註冊之租稅天堂對所有境外所得均不課稅，使得該項權利金收入成爲全無任何稅負之所得（tax-free income）。

除了租稅方面之特徵以外，境外公司尚具有下列各項優點：

1. 成立時間快且程序簡單：一至二個工作天即可完成註冊手續，僅爲一紙面上之公司法人資格取得，而非實質之資產移轉。
2. 維持成本低廉：每年之費用僅約數百至一千元美金左右，且不須提供任何公司財務報表給當地政府。

3.公司之資料均極爲保密：當地政府對於公司之資料高度保密，且與台灣均無所謂之「租稅協定」簽署，不會提供台灣當局任何稅務資料。

4.政治安定崇尚法治：一般之租稅天堂均遵行英國式之民主法治，且當地之金融服務業（含銀行、保險公司、律師、會計師等）均十分發達。

5.公司之所有人可以是非當地居民：非當地居民可以隨意進出，資金之流通無任何之管制。

（二）境外金融中心帳戶之設立

境外金融中心（OBU），係指金融機構在特別的金融市場中經營國際性金融業務，其特徵爲可免除該交易受到（台灣）國內金融法規之限制，並在存款利率暨租稅方面享有優惠待遇。台灣近年來爲了要打造亞太營運中心，促使國際資金之自由流通，大量開放國內銀行成立OBU業務（我國官方正式名稱爲「國際金融業務分行」）。最初OBU業務之服務對象僅限於持有外國護照之個人、外國公司、外國政府及金融機構之外幣存款，惟近年來亦允許接受台灣本國國民之外匯存款（本國人需課稅）。簡單地說，OBU業務由於不受國內銀行法暨所得稅法等相關法規限制（例如20％法定存款準備金與10％個人所得稅扣繳要求），因而使得客戶之實得利息遠較一般本國人存款來得高。

高科技公司在租稅天堂完成境外公司之設立後，搖身一變成為一不折不扣之「外國」公司，利用此一外國公司之法人身分，可以就近於國內任何一個附設有OBU業務之金融機構開設一OBU存款帳戶，利用此一OBU帳戶接受每年匯入之巨額權利金。由於OBU帳戶之利息免所得稅且利率要較一般國內存款戶為高，更不受台灣外匯管制條例之限制（公司每年最高五千萬美元），因此為高科技智財權資產管理與跨國稅務規劃之必備工具。

◆案例

A生技公司經過數年之研發，業已獲得多項之重要專利權，惟基於經營策略之考量，決定將其所有之專利權授權給某大跨國企業，以賺取每年數億元之權利金。為了減低稅負以達到獲取最高利潤之目的，此時A公司可以採取下列各項措施：

1. 在某一租稅天堂成立一僅存在於紙面上之「境外公司」，並將其所有的專利權移轉給此一境外公司。
2. 要求專利權之被授權人將權利金直接付給此一境外公

司，此一所得由於發生於台灣「境外」，故無須向台灣當局繳納任何稅金，另一方面，該境外公司註冊地之政府對於此一發生於其國境之外的權利金所得亦給予全額免稅之待遇。

3.A公司利用其所設立之境外公司身分，於台灣銀行內設立一OBU存款帳戶，並要求專利權被授權人將權利金逕自匯入該OBU帳戶。經由此一OBU帳戶，A公司可以享受較一般國內存戶高出約1.5％至2.％的存款利率，同時亦可免除利率所得稅之扣繳。

A公司除了可以享有權利金收入完全免稅之外，特別值得一提的是操作上的方便；上述所有之各項措施，A公司均可以在台灣境內完成，透過專業代理人的服務，在最短的時間內，A公司不必親自前往遠在天邊的租稅天堂設立公司，便可以享有近在眼前的「外國法人」境外公司租稅暨利率優惠待遇。

（三）境外公司股票之公開發行

台灣的相關證券法規對於股票上市、上櫃之要求頗爲嚴格，除了必須成立一定的期間之外，其他諸如最低稅前純利

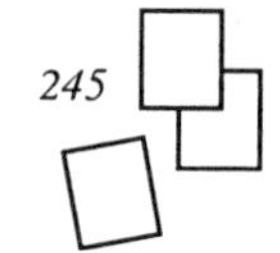

暨持股人數等門檻要求，均限制了台灣高科技公司藉由公開發行股票以籌措資金之管道。近年來雖然政府降低高科技事業類股之上市（櫃）條件，惟對某些新創設之高科技公司而言，短期內仍然無法符合股票在國內公開發行上市之標準。

相對於台灣之股票上市條件，某些租稅天堂之股票交易中心對於股票之掛牌標準則是較爲寬鬆，尤有甚者，包括香港、新加坡等國在內之股票交易中心甚至允許非本國之公司掛牌上市；這對於那些急於募集資金的台灣高科技公司而言，正好提供了一個獲得國際資金的新管道。一九九九年十一月，香港聯合交易所正式推出了所謂的「創業板」（GEM）股票交易市場，其目標即是針對包括台灣在內之全球高科技公司，希望能將此一GEM 發展爲一成功的跨國高科技股市。香港之GEM 具有下列各項特色：

1. 掛牌公司必須在香港、中國、英屬開曼群島（Cayman Islands）、百慕達（Bermuda）依法註冊成立，惟不需在香港有任何實質之營運。
2. 公司須有二年以上積極發展業務之紀錄。
3. 無最低獲利要求。
4. 公眾持股人之最低人數要求── 一百人。

台灣之新興高科技企業，可以任選前述（除中國外）任何一租稅天堂成立境外公司，進而規劃進軍香港GEM掛牌上市；除了籌措資金以及節省稅負之外，同時亦可以拓展業務並打開國際知名度。

除了香港之外，同爲租稅天堂的新加坡亦爲境外公司股票上市的好地方，尤其新加坡允許控股公司申請上市，高科技企業可將其所擁有智慧財產權資產，移轉給其所成立之境外控股公司持有，進而在星國以控股公司之身分申請股票上市。

三、適合成立境外公司之國家地區

毫無疑問，境外公司必定選擇設在租稅天堂；而所謂的租稅天堂，一般而言，其最重要之特徵爲公司之境外來源所得免稅（或稅率極低）。目前世界上約有三、四十個國家（地區）符合此一條件者，從歐洲的直布羅陀到大洋洲的諾魯共和國，從大西洋中的百慕達到加勒比海的聖文森，從舉世聞名的香港到名不見經傳的中歐小國列支敦士登（Liechtenstein）均屬之。以下僅就數個較著名且廣爲國人所使用的租稅天堂作一分析比較：

(一)香港

香港對於境外之資本利得、股利所得、權利金等均予免稅,對於外匯之匯進匯出亦無限制。香港註冊之公司可於當地或世界其他地區(新加坡等)申請股票上市;香港本身具備良好之資訊與交通設施,金融服務業發達,官方語文為中、英文並用。其缺點則是維護成本較高,除了繳納年費之外,香港公司必須聘僱當地之公司秘書,以及提供年度財務報表給香港政府;另外公司亦必須向香港政府申報其股東暨董事之相關資料。

(二)新加坡

公司境外來源所得免稅;允許在新加坡境內無實際營運行為之控股公司於當地申請股票上市;政治穩定且法規健全,高度金融自由,國際性之營運中心;中、英文皆為官方指定語言,與台灣之經貿關係良好。另一方面,相對於其他地區而言,在新加坡設立及維持公司之費用則相當昂貴;必須僱用一名當地之公司秘書,至少須有二位股東及董事(其中一名須為新加坡人),每年必須申報經會計師簽證之公司

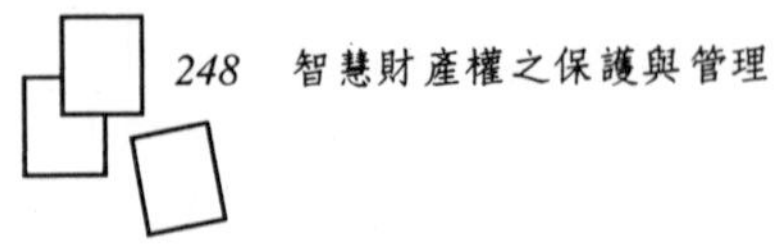

財務資料。

（三）開曼群島

公司之境內境外所得完全免稅；當地註冊之公司可以於香港申請股票上市。政治上爲英國海外屬地，崇尚自由法治，地理上則鄰近美國，交通及資訊均十分便利，爲加勒比海首屈一指之金融營運中心。當地公司必須在島上設有辦事處（註冊之代理人處所亦可），每年必須在島上召開一次董事會（授權代理人出席亦可）。公司每年之年費約爲美金一千五百至二千元；每年必須向政府申報財務報表（可不須會計師簽證）。

（四）百慕達

公司之境內境外所得完全免稅；百慕達公司可以在歐、美、新加坡、香港等地以控股公司名義申請股票上市。百慕達爲英國之海外屬地，地處大西洋中，距倫敦、紐約等國際金融中心均十分接近；政治安定且無任何外匯管制，許多世界知名之企業都選擇此地作爲其公司註冊處。相對的，百慕達公司之維持費用亦爲所有租稅天堂中之最高，除了每年可以高達數萬美元之年費之外，更必須聘請當地之公司秘書與董事（至少二名），每年必須向政府申報財務報表（非會計師簽證亦可）。一般而言，百慕達較適合大型之國際跨國企業作爲節稅、股票上市以及規避政治風險（香港太古集團爲例）之用。

（五）英屬維爾京群島（British Virgin Islands, BVI）

BVI公司爲目前國人所最常使用之境外公司，爲所有境外公司中最價廉物美者（設立費及年費僅數百美元）。BVI公司之境外所得免稅；雖爲英國屬地卻以美元作爲法定貨幣，且沒有任何外匯之管制。BVI公司之特色爲設立方便（二十四小時內可完成），最低資本額僅爲一美元，不須聘僱當地秘書或董事，董事會可以在全世界任何地點舉行，不須向政府申報任何財務報表。BVI公司之最大缺點則爲無法在世界各主要股票交易中心（香港、新加坡等）申請上市。一般而言，BVI適合中、小型企業或新興之高科技公司作爲單純節稅之用。

四、結語

現代之高科技產業除了本身技術必須創新（innovation）之外，對於資產暨財務之管理規劃亦必須加以創新，不可再拘泥於傳統的公司組織模式。另一方面由於國際資金之自由流通，配合所謂的「科技無國界」理念，使得高科技公司之未來走向將會日趨國際化。一個台灣高科技公司可以將其所有之智慧財產權資產，移轉給一成立於開曼群島之控股公司，該控股公司可以在香港申請股票上市，在香港股市可以募集包括中國在內之全球資金。正確的境外操作除了可以替高科技公司節省大量之稅金之外，更可以募集營運資金，規避政治風險，更重要的是可以藉此一機會取得國際性知名度與跨國之合作機會。

第十六章

創新育成中心
與智慧資本創造

一、創新育成中心之定義與型態

（一）創新育成中心之定義

所謂的創新育成中心（incubation center）係指對新創立之公司提供各項包括早期實驗室、營運空間、技術移轉、行政支援與後續諮詢服務之一種機構。顧名思義，由於新創事業之初期爲最脆弱且最容易失敗的一段時期，因而需要被放置於一能協助其新生命得以順利成長之育兒保溫箱內。

創新育成中心之觀念始於一九五九年的美國，當時之動機爲利用政府之資源，透過社區中大學院校與私人企業之執行，協助當地之中小企業成長以創造就業機會。近年來，政府爲配合發展我國成爲亞太營運中心，正積極推行中小企業創新育成政策，希望藉由此一科技事業輔導機制之創新育成中心，作爲提供企業孕育新產品、新技術及轉型升級的場所。

（二）創新育成中心之型態

一般而言，創新育成中心可以分爲下列三種型態：

◆由非營利性學術暨研究機構所設立

我國目前之創新育成中心大都屬於此類型，其特色爲可將各院校教授之研發成果予以商品化，一般而言進駐客戶均爲技術密集性之高科技產業。

◆由營利性或非營利性之地產開發公司或政府科技園區所設立

此類型之創新育成中心之設立目的在於提升土地之經濟價值，創造社區之就業機會。由經濟部在台南科學園區所設立的中小企業創育中心即爲一例。

◆由營利性之企業集團或創投基金所設立

其特色爲藉由育成中心所投入之資源，企業所投資之新創公司可以順利成長，使得企業能夠快速回收其投資。

二、創新育成中心所提供之產品

惟不論創新育成中心之型態爲何，客戶之進駐條件必須爲符合中小企業標準，或以科技研發產出爲營業項目之企業。又進駐客戶在達成了一定之目標以後，例如進駐期滿、進駐人員超過定額、技術完成移轉等，則必須自育成中心「畢業」。

創新育成中心所提供之產品絕不僅限於硬體之空間或設備而已，而必須是能夠確實針對進駐客戶之需求提供全方位的產品規劃，具體地講，創新育成中心所提供之產品可以FAST作爲代表，也就是所謂的設施（facilities）、諮詢（advice）、服務（service）與技術（technology）四個項目。

（一）設施

包括辦公、實驗、會議等功能之硬體空間提供，其他例如網際網路、通訊、電腦與事務機器等亦是中心必須提供的基本設施。此項產品具有共同分享之特色，不論進駐客戶之業務性質爲何，對於中心之硬體設施均有使用之需求；惟一般而言，此項產品對於那些成立初期的進駐客戶之助益較大。

（二）諮詢

中心提供進駐客戶包括撰寫計畫書、制定營運模式、招募經營團隊、籌措創投資金等全方位之「無形」產品。此項產品之特色在於能在極短時間內，經由中心的協助，使得進駐客戶能夠開始營運並建立自身之商譽（goodwill），進而能吸引投資人之青睞，獲得資金之挹注。對於初次創業，全無任何以往成功經驗（track records）的客戶而言，此項產品之重要性遠較前項有形之硬體空間設備為大。

（三）服務

相較於硬體之空間設施，所謂的服務係指中心對進駐客戶提供包括財務、會計、法務、人事、行銷等屬於軟體之行政支援。中心除了自身必須擁有一支「常備役」（in-house）之前述支援人力以外，對於某些較少客戶使用之服務項目，例如股票上市輔導、周轉性融資貸款、公司合併等，亦必須能隨時提供合適的專業委外（out-sourcing）團隊來處理。

（四）技術

許多創新育成中心本身即屬於大學院校或研發單位之一部分，許多單位內之成熟技術均可以透過成立衍生公司（spin-off company）的方式來進行技術移轉。另外中心亦可以擔任進駐客戶之媒介，從事智慧財產權之授權、管理與維護，或是代客戶找尋合適之策略聯盟夥伴，藉由技術移轉之方式來追求synergy之最高目標。

三、創新育成中心之特性

以上的FAST產品，不論其為有形或無形，硬體或軟體，為了能夠確實符合進駐客戶之需求，均須具備以下所謂的VOF三大特性：

（一）虛擬性（virtual）

有別於傳統產業，現代高科技產業所憑藉的是無形的智慧資本，而不再是有形的廠房、土地、設備等固定資產。另一方面，企業爲了追求最大利潤，均在各個節稅天堂成立境外公司；而拜網際網路發達之賜，企業之觸角可以延伸至全球之每一角落。以上各種原因使得現代企業無須再駐守在一固定之公司「地址」，而可以用虛擬的方式在全球各地同時存在。例如地址設在國內某創新育成中心之某公司，其工商登記地點爲英屬開曼島，股票在香港創業板公開發行上市，透過網路技術之話務中心（call center）聯繫，其業務範圍涵蓋全球每一角落。對此一公司而言，該創新育成中心僅是一通信地址而已，其他所有中心所提供之設施、服務、技術，該公司均可以經由網路通信在全球任何一地點取得。簡單地說，爲了能夠滿足這些虛擬客戶之需求，創新育成中心本身絕不可長期固守一地，而必須具備虛擬個體無遠弗屆之特性。

（二）委外性（out-sourcing）

現代企業講求專業與分工，創新育成中心所提供之產品種類繁多，其製造過程不能僅靠自身之人力暨物力，必須充分利用各種外在之豐富資源。中心之生產工具必須是「用而不備」而非「備而不用」，以免浪費資源。另一方面，爲了能夠滿足每一位客戶的特別需求，中心除了必須與外界各個專業領域保持良好之互動關係之外，對於各種硬體設施與相關技術亦須有相當程度之瞭解，如此方能在第一時間內動員（mobilize）各種外在資源以回應客戶之需求。從此一角度而言，創新育成中心所扮演的角色應是所謂的資源「調度員」（dispatcher），而非囤積貨品的雜貨店。

（三）適應性（flexibility）

創新育成中心之客戶跨越各種不同之科技領域，且不同客戶其公司之創立時間長短不一，以至於中心必須針對各個客戶量身訂作，制定一套最符合每一位客戶需求的產品。例如成立初期之客戶對於硬體設施之需求遠高於軟體方面之行政支援服務。而中心所提供之諮詢，對於以自行創業之技術人員爲主之客戶而言雖是不可或缺，惟同樣的諮詢對由企業家（entrepreneur）所成立之客戶公司卻不如技術來得重要。創新育成中心必須針對進駐客戶之產業性質、成立時間、成員結構等異同處，提供各種不同之產品給客戶。

四、創新育成中心之收入來源

目前國內育成中心之運作經費大多由中小企業發展基金補助，然而長期而言，眞正能讓育成中心獲利的是對客戶所收取之費用。一般而言，創新育成中心對於進駐客戶之收費標準，依提供產品性質之不同而異。FAST四項產品之中，F（設施）爲供應來源廣之大眾化產品，故其之利潤亦最低。其餘之A（諮詢）、S（服務）以及T（技術）等項目由於爲高度專業化之小眾化產品，因而具高附加價值（value-enhanced products）。惟不論何種產品，創新育成中心自客戶處所收取之報酬皆可歸納爲以下FER三種型態：

（一）產品使用費（fees）

中心對其所提供之每項產品均予以標價，按客戶所使用之項目予以收費。此一收費方法優點爲清楚明瞭，中心可以有固定之現金收入；惟其缺點在於大部分之進駐客戶均爲新創公司，其現金資產並非充裕，故此種收費方式將使得許多客戶卻步。

（二）股票持有（equity）

中心對於進駐客戶提供各項產品，以交換進駐客戶之股份。此項作法之優點爲經由股票之持有，中心有機會以投資之方式自客戶處獲利。惟此項作法由於需長期持股，且客戶之成敗均爲未知之數，對於需要資金作爲周轉之創新育成中心而言並非上策。

（三）利潤分享（revenue）

此項作法類似於專利權利金之收取，中心與進駐客戶事先約定，客戶將抽取其未來收入之一定百分比給中心，作爲中心所提供產品之對價。此一收費方式雖可爲中心帶來長期之現金收入，惟其缺點是中心無法準確預估其所可得之酬勞究竟爲何。

其實從創新育成中心的立場來講，最理想的收取酬勞方式爲依照產品性質之不同而收費的「混合式」，其方法如下：

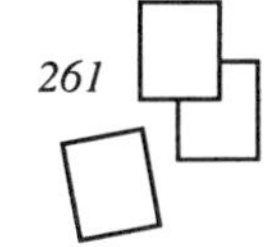

1.F（設施）項目之產品由於客戶使用量大且重複使用，中心必須對客戶收取全額或部分之使用費（fees），用以作爲營運資金。此項收費須在客戶可負擔之前提下，依照實際成本收費。

2.A（諮詢）與S（服務）項目之產品係針對客戶之特殊需求，透過委外的方式提供。基於此一委外之特性，中心可以收取客戶之股票（equity）作爲酬勞，然後再將部分之股票轉讓給提供實際勞務的委外專業人士。

3.T（技術）項目產品之成敗與否，除了技術本身之外，尚牽涉到客戶之研發能力與資源之投入。因此中心可以用類似權利金之未來利潤（revenue）分享方式收取報酬。

五、創新育成中心客戶之選擇

理論上由於各個創新育成中心之資源有限，故對於有意進駐之客戶無法來者不拒地照單全收，而必須予以篩選過濾；依據其自身之資源與產業偏好等因素，決定其接納之客戶對象爲何。育成中心在決定是否將接納某一客戶進駐之前，均需要經過一仔細的評估作業（due diligence）。由於此一作業攸關中心未來與特定客戶結合之後成功與否，因此必須從各個不同的角度予以評估。評估作業之重點包括：

（一）經營計畫

進駐客戶之經營模式（business model）是否合理且具體可行，是否具有吸引投資者之誘因，未來之發展策略爲何等均爲必須考慮之因素。

（二）經營團隊

經營團隊之良窳決定企業之成敗，因此對於進駐客戶創業家之過去學經歷、人格特質、團隊分工暨默契等因素均須予以評估。

（三）市場潛力

市場之規模大小攸關企業之成長空間，育成中心必須透過相關資料之收集來預測市場之潛力與競爭對手之狀況。

（四）產品技術

產品與技術爲企業獲利之主要因素，必須瞭解進駐客戶之核心技術爲何；另外技術之來源與智慧財產權之管理、產品之功能特性以及未來與其他產品結盟之可行性等亦是考慮之重點。

（五）財務狀況

進駐客戶之投資者爲何人、財務結構是否合理、可實現之投資報酬爲何、未來股票上市之可行性等均爲評估之重點。

實務上國內目前之各育成中心，除少數訂出明確的服務客戶對象外，一般而言只要是有足夠的硬體空間與設施，對於進駐客戶之篩選並不是十分的嚴格；在以獲利爲前提之考量下，未來育成中心終究必須制定一套選擇其服務對象之標準，同時也可以減低進駐客戶失敗之風險。

六、結語

創新育成中心之存在，其目的在於爲創業者提供各種全方位的育成服務，包括協助企業擬定各階段完整的行銷、財務計畫，並且以經營模式協助創業者將技術商品化，進而達成股票上市之最終目標。此一新興事業對帶動我國高科技產業之發展，及協助傳統產業升級均有重要之意義。

1. 日前行政院提出「知識經濟發展方案」，積極推動傳統產業之技術提升與轉業。一般而言傳統產業所具備之優勢不外乎擁有土地廠房、良好之金融管道與證券發行經驗等。傳統產業若能積極的將其閒置且不具經濟效益之不動產轉型爲具高附加價值之育成中心，並引介合適之金主與證券商給進駐客戶，便能迅速地躋身高科技產業之列。至於其他項目之服務，包括諮詢、行政支援及技術等，則可以用委外的方式交由第三者提供。
2. 對進駐之新創事業而言，透過育成中心的全方位協助，可以將大部分的時間與精力投注於核心技術之開

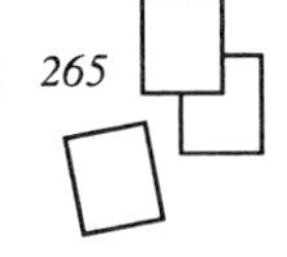

發，而不必花太多心思於行政支援等工作上。新科技時代之產業例如網際網路等領域，其創業者所憑藉的是新創意與時間之優勢，育成中心之服務可以讓客戶迅速成長茁壯，掌握商機。根據美國一項針對一九九〇至一九九六年間一百二十家進駐育成中心之客戶研究結果顯示，有高達87％的進駐客戶「存活」下來，此一結果證明了育成中心對於新創事業之重要性。

3. 自從「科技基本法」制定實施後，研發單位接受政府補助而獲得的研發成果，原則上已屬於該研發機構所有；由於目前國內絕大部分之育成中心皆爲大學院校與研發單位所成立，故育成中心本身即成爲移轉技術之最佳媒介管道。透過育成中心之協助，可以將由政府出資而由其所屬之學術機構所研發出之智慧財產權，移轉給適合之進駐客戶，進而達到商品化之目的；同樣的，育成中心也可以協助其所屬之學術機構之研發團隊，將其研發成果作爲核心技術以成立衍生公司。

國內創新育成中心成立之時間均較爲短暫，由於大部分之育成中心皆附設於學術機構之下，故比較缺乏商品化之概念；又由於學術單位大都以技術研發爲主，因而對於提供諮詢、服務等培育產品較不注重；另外以長遠而言，各育成中心不能單單依賴中小企業基金之補助，而必須從進駐客戶取得適當之回饋以作爲中心的營運資金。總而言之，創新育成中心雖爲國內之新興產業，但是透過此一機制之建立，可以將新技術轉化爲新事業暨新產品以促進產業升級；同時經由政府、學術與產業界之軟、硬體資源、經驗與人力之整合，可以達到落實培育高科技產業或個人創新或創業之目標。

參考文獻

一、中文文獻

方少雲、何文傑，《境外理財藍圖》，高寶國際公司，1999。

王鴻文，《專利法》，書泉出版社，1999。

李復甸、鄭中人，《智慧財產權導論》，五南圖書，1999。

呂榮海、謝穎青、張嘉眞，《公平交易法解讀》，月旦出版社，1992。

邱志平，《眞品平行輸入之解析》，三民書局，1996。

余佩玲，〈香港創業板向國內高科技企業招手〉，《科技網月刊》，1999.10。

吳松枝，《國際貿易法》，旺文社，1997。

何存璽，〈商機不可洩露〉，《法律與你雜誌系列33》，永然文化，1996。

洪鉛財、許如欽，《國內創新育成中心發展現況與問題探討》，經濟部中小企業處，1997。

洪麗玲、常天榮，《網路vs.法律》，財團法人資策會科技法律中心，1999。

陳文吟，《商標法論》，三民書局，2000。

陳正祺，《智慧財產權的國際保護》，行政院科技顧問組，1993。

陳國慈，〈廠商宜建立智財權資產〉，《經濟日報》，1998.12.3。

陳歆，《使用智慧財產權之成本與效益》，行政院科技顧問組，1993。

陸飛、王福新、張光杰，《中國知識產權法》，香港三聯書店，1998。

夏文龍，〈專利對資訊業的價值〉，《智慧財產權管理季刊》，1997。

徐作聖，《全球化科技政策與企業經營》，華泰文化，1999。

黃俊英、劉江彬，《智慧財產權的法律與管理》，華泰書局，1996。

葉匡時、周德光，《企業內的智慧財產創造與產權結構》，高雄復文圖書，1998。

湯明輝，《公平交易法研析》，五南圖書，1992。

葉茂林，《e世界的法律初體驗》，永然文化，2000。

程明仁，〈著作權人權利清單〉，《法律與你雜誌系列33》，永然文化，1996。

楊聰權，《國際／兩岸貿易與OBU運用》，宇信國際管理顧問公司，1998。

鄭夙芬，〈商標所有旁人莫犯〉，《法律與你雜誌系列33》，永然文化，1996。

劉常勇，《科技產業投資經營與競爭策略》，華泰文化，1997。

劉承愚、賴文智，《技術授權契約入門》，智勝文化，1999。

蔡練生，《智慧財產權與貿易摩擦》，行政院科技顧問組，1993。

賴源河，《貿易保護下之智慧財產權》，黎明文化事業，1991。

謝銘洋、徐宏昇、陳哲宏、陳逸南，《專利法解讀》，月旦出版社，1994。

謝銘洋、陳家駿、馮震宇、陳逸南、蔡明誠，《著作權法解讀》，元照出版公司，2001。

謝宏媛，〈從實驗室到商業化〉，《遠見雜誌》，2000.10。

鍾瑞江，《國際投資之技術移轉》，三民書局，1991。

簡永光，《國貿財務工程》，中華民國對外貿易發展協會，

1997。

鍾明通，《網際網路法律入門》，月旦出版社，1999。

羅昌發，《美國貿易救濟制度》，月旦出版社，1994。

「政府科學技術研究發展成果歸屬及運用辦法」，行政院國家科學委員會，2000。

二、外文文獻

高澤利康，《工業財產權融資對高科技產業發展之影響》，經濟部技術處，1998。

Alexander, K., *Information Security and Corporate Espionage: Economic Espionage Act of 1996*, King & Spalding, 1997.

Barber, H., *Tax Havens*, McGraw-Hill, Inc., 1992.

Dueker, K. Sutherlin, "Trademark Law Lost in Cyberspace: Trademark Protection for Internet Addresses, " 9 *Harvard Journal of Law & Technology* 483, 1996.

Harmon, R. L., *Patents & the Federal Circuit Court*, 1991.

Kelley, P. W., *The Economic Espionage Act of 1996*, 1997.

Loundy, D. J., "A Primer on Trademark Law and Internet Addresses," 15 *Marshall Journal of Computer and Information Law* 465, 1997.

Megantz, R., *How to License Technology*, John Wiley & Sons, 1996.

Mossinghoff, G. J., J. D. Mason and D. A. Oblon, *The Economic Espionage Act: A New Federal Regime of Trade Secret Protection*, 1996.

Valof, J., *Overview of Economic Espionage Act of 1996*, On Site Counsel Service, 1998.

Warshofsky, F., *The Patent Wars*, John Wiley & Sons, 1997.

Yambrusic, E. S., *Teade-Based Approaches to the Protection of Intellectual Property*, 1992.

Association of University Technology Managers (AUTM) *Fiscal Year 1998 Licensing Survey*, 1999.

International Legal Protection for Software, *Section 301 & the Expansion of International Intellectual Property Rights Protection*, 1997.

International Trade Commission Trial Lawyers Association, *Frequently Asked Questions Regarding Section 337*, 1998.

Stanford University, *About the Stanford University Office of Technology Licensing*, 1998.

智慧財產權之保護與管理

著　　者☞ 劉博文
出 版 者☞ 揚智文化事業股份有限公司
發 行 人☞ 葉忠賢
總 編 輯☞ 林新倫
副總編輯☞ 賴筱彌
登 記 證☞ 局版北市業字第 1117 號
地　　址☞ 台北縣深坑鄉北深路 3 段 260 號 8 樓
電　　話☞ (02)2664-7780
傳　　真☞ (02)2664-7633
印　　刷☞ 鼎易印刷事業股份有限公司
初版二刷☞ 2007 年 10 月
I S B N ☞ 957-818-392-5
定　　價☞ 新台幣 280 元
網　　址☞ http://www.ycrc.com.tw
E-mail ☞ book3@ycrc.com.tw

國家圖書館出版品預行編目資料

智慧財產權之保護與管理 / 劉博文著. -- 初版. --
台北市：揚智文化, 2002[民91]
面； 公分. --（POLIS 系列：15）
參考書目：面
ISBN 957-818-392-5（平裝）

1. 智慧財產權

553.4 91005648